Bärenstarke Kinderkost

Einfach, schnell
und lecker

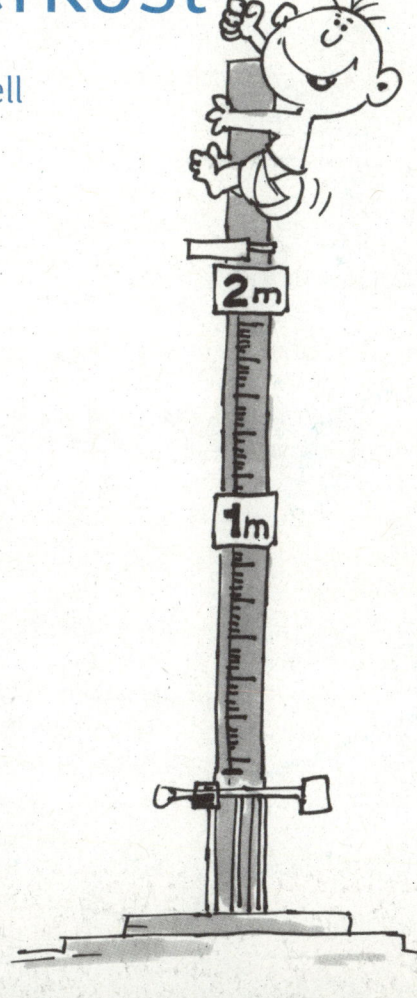

12. aktualisierte Auflage, 2011
191.–199. Tausend Exemplare
© Verbraucherzentrale NRW, Düsseldorf

ISBN: 978-3-940580-82-5, Printed in Germany

Inhalt

Vorwort

Für Eltern ist es heutzutage nicht leicht, sich und ihre Kinder gesund und lecker zu versorgen. Unüberschaubar ist das Angebot an Lebensmitteln und Zubereitungen in Supermarkt-Regalen, Tiefkühltruhen, Salat-Bars, Imbissbuden und Snack-Ecken. Werbespots im Fernsehen, Anzeigen auf Plakatwänden, in Zeitschriften und per Beilage konkurrieren ums Auffallen. Spezielle Lebensmittel für Kinder mit bunten Figuren wie Monstern, Dinos, Zwergen oder aktuellen Filmfiguren auf Verpackungen reizen zum Zugreifen. Bei all diesen Verführungsversuchen haben Eltern oft einen schweren Stand, wenn sie Wert auf eine gesunde Ernährung legen. Hinzu kommen Zeitnot, hektische Alltagsabläufe und der Leistungsdruck in Schule und Beruf. Da bleibt immer weniger Raum für eigenes Zubereiten und gemeinsames Genießen einer Mahlzeit. Andererseits wollen Eltern stets das Beste für ihre Kinder und haben ein ureigenes Interesse an deren gesundheitlichem Wohlergehen.

Mit „Bärenstarke Kinderkost" wollen wir dieses Interesse unterstützen, Orientierungshilfen geben und Unsicherheiten abbauen. Und wir wollen Sie motivieren, sich durch praktisches Ausprobieren selbst davon zu überzeugen, dass Gesundes schmeckt und bei der Familie ankommt.

Denn trotz aller Einflüsse von außen setzen immer noch Eltern als erste Vorbilder ihrer Kinder den Maßstab für die Essgewohnheiten. Es liegt in Ihrer Verantwortung und in Ihrer Hand, den Geschmack Ihrer Kinder auf eine gesunde und leckere Ernährung zu lenken bzw. gesunde Essgewohnheiten zu festigen.

„Bärenstarke Kinderkost" beschreibt die Ernährung für Kinder vom 2. bis zum 14. Lebensjahr. Für die Zeit davor empfehlen wir den Ratgeber „Gesunde Ernährung von Anfang an" – hier geht es um die Ernährung von Säuglingen bis 12 Monaten.

**Sie haben verschiedene Einstiegsmöglichkeiten
in dieses Buch:**

Der erste Teil des Ratgebers erklärt die wichtigsten Informationen rund um das Thema Ernährung für Kinder. Grundlage unserer Empfehlungen sind die Referenzwerte für die Nährstoffzufuhr der Deutschen Gesellschaft für Ernährung (DGE), die in das auf Kinder und Jugendliche zugeschnittene Konzept „optimiX" des Forschungsinstituts für Kinderernährung (FKE) münden (····⟩ Seite 27) . Bei der Lebensmittelauswahl für unsere Rezepte berücksichtigen wir darüber hinaus die Aspekte der Vollwert-Ernährung nach Prof. Dr. Claus Leitzmann (····⟩ Seite 103). Vollwertiges Essen und Trinken bedeutet – auf einen einfachen Nenner gebracht und egal, ob für Kinder oder Erwachsene – viel Gemüse, Obst, Getreide, Milch und Milchprodukte, aber durchaus auch Fisch, Fleisch und Eier.

Die einzelnen Kapitel sind gespickt mit vielen Frage-und-Antwort-Elementen aus unserer Beratungspraxis. Die aid-Ernährungspyramide (····⟩ Seite 26) erleichtert die Auswahl von Lebensmitteln und deren gezielten Einkauf.

Im zweiten Teil finden Sie rund 100 köstliche und zusammen mit Kindern erprobte Rezepte. Natürlich gibt es auch „süße" Rezepte und Vorschläge für Kindergeburtstage. Bei den Vorbereitungen und beim Kochen der Rezepte können Ihre Kinder – je nach Alter und Geschick – gut mithelfen (····⟩ Seite 114).

Liebe geht durch den Magen – das reicht uns nicht.
Wir meinen, wenn Herz und Verstand mit im Spiel sind,
dann wird's eine richtig runde und gesunde Sache.
In diesem Sinne:

Viel Spaß und guten Appetit!

Wie isst Ihre Familie? –
Eine Momentaufnahme

Fragen zur Lebensmittelauswahl

Wie oft isst oder trinkt Ihr Kind was?	🙂	😐	☹️
Getränke	☐ 5–6 x täglich	☐ 3–4 x täglich	☐ 1–2 x täglich
Gemüse und Obst	☐ 4–5 x täglich	☐ 2–3 x täglich	☐ 1 x täglich
Brot, Getreide, Kartoffeln	☐ 3–4 x täglich	☐ 2 x täglich	☐ 1 x täglich
Milch und Milchprodukte	☐ 3 x täglich	☐ 1–2 x täglich	☐ 1 x täglich
Fisch	☐ 1 x/Woche	☐ alle 2 Wochen	☐ selten
Fleisch	☐ 2–3 x/Woche	☐ 4–5 x/Woche	☐ täglich
Eier	☐ 2–3 x/Woche	☐ 4–5 x/Woche	☐ täglich
Süßigkeiten und Snacks	☐ 3–4 x/Woche wenig	☐ täglich wenig	☐ täglich viel

Informationen zu allen Lebensmittel-Gruppen finden Sie ab Seite 32.

Fragen zu den Ess- und Tischgewohnheiten

1. Hat Ihr Kind morgens genügend Zeit zu frühstücken?

2. Welche Mahlzeiten werden gemeinsam bei Tisch eingenommen?

3. Wie viel Zeit nehmen Sie sich bei einer gemeinsamen Mahlzeit?

4. Wie viele Mahlzeiten hat Ihr Kind über den Tag verteilt?

5. Wann isst Ihr Kind besonders viel?
Wenn es sich langweilt, Stress in der Schule, in der Familie
oder Frust mit Freunden hatte?

6. Neigt Ihr Kind mehr zu Über- oder mehr zu Untergewicht?

7. Was isst und trinkt Ihr Kind am liebsten und was gar nicht?
Listen Sie jeweils vier Speisen und Getränke auf.

Mein Kind liebt	Mein Kind mag nicht

Sind Sie bei der Beantwortung einiger Fragen nachdenklich geworden und möchten an der einen oder anderen Stelle etwas verändern? Hinweise und Tipps zu allen genannten Aspekten finden Sie in diesem Ratgeber.

Kinder und Essen

Die Essgewohnheiten gehören zu den beständigsten Verhaltensmustern eines Menschen. Sie entwickeln sich vorwiegend in der Familie, werden aber auch durch Spielgruppe, Kindergarten, Schule und Werbung beeinflusst. Ein Kind orientiert sich an seinen Bezugspersonen und ahmt sie nach. So auch beim Essen und Trinken.

Einflüsse: Familie, Schule, Werbung

Die ersten Bezugspersonen sind natürlich die Eltern. Deren Ein-
stellung gegenüber bestimmten Lebensmitteln, ihr Umgang mit
Lebensmitteln und ihre Essgewohnheiten, sprich: das „familiäre
Ernährungsmuster", übertragen sich „automatisch" auf das
Kind. Für das Essverhalten eines Kindes ist deshalb wichtig, wo-
mit es aufwächst: mit Pausenbroten von zu Hause oder Snacks
vom Kiosk, mit Mahlzeiten aus dem elterlichen Kochtopf oder
aus der Frittenbude. Egal, was Kinder angeboten bekommen,
ob Limo, Kekse, Würstchen, ob Müsli, Vollkornbrot, Rohkost,
ungesüßten Tee, Mineralwasser oder Säfte, sie betrachten diese
Lebensmittel als normal und akzeptieren sie.

Familie

In der Spielgruppe oder Kita kommen neue Einflüsse und Vorbilder hinzu. Das Kind probiert Neues und Unbekanntes, das
Essverhalten in der Gruppe ändert sich, bis hin zur Verführung
mit bisher „Verbotenem".

Problematisch kann es dann werden, wenn Ihr Kind täglich mit
Milchschnitte, süßen Trinkpäckchen, Nuss-Nougat-Creme und
anderen reichlich zuckerhaltigen Sachen konfrontiert wird und
Ihre Bemühungen um eine gesundheitsfördernde Ernährung
erschwert werden.

In der Schule werden Kinder erneut beeinflusst: durch das, was
andere Kinder mit zur Schule bringen und das deshalb besonders reizvoll erscheint, aber auch durch Lebensmittel und
Getränke, die in den Schulen angeboten werden. Zunehmend
besuchen Kinder Ganztagsschulen. Sie bekommen dort täglich
eine Mittagsmahlzeit serviert. Je nach Speiseplan besteht hier
die Chance, dass Kinder gesundheitsfördernde Lebensmittel
kennen lernen und ihren Geschmack erfahren. Die Schulverpflegung übt somit über einen langen Zeitraum Einfluss auf die
Essgewohnheiten aus.
Eigene „Versuchungen" bietet der Schulweg: ein Bäcker, ein
Kiosk oder der Schulkiosk selbst. Einige Schulen bieten neben

Schule

Milch und Kakao auch die Möglichkeit, ein Pausenfrühstück zu kaufen. Bevorzugt angeboten werden allerdings immer noch helle Brötchen mit süßem Aufstrich, Süßigkeiten, Limonade, Cola und Fruchtsaftgetränke statt Vollkornbrötchen, frischem Obst, Rohkost und Milchprodukten. Wen wundert es da, wenn manches mitgebrachte Pausenbrot in der Schultasche bleibt oder in den nächsten Mülleimer wandert.

Werbung Und schließlich zeigen Werbung und die Strategien der Lebensmittel-Industrie ihre nicht zu unterschätzende Wirkung: Vor allem beim Fernsehen, Radiohören und im Internet, aber auch durch Werbeplakate, durch geschicktes Platzieren von Süßigkeiten in den Geschäften, durch Anzeigen in Zeitungen und Zeitschriften – täglich und überall sind Kinder und Eltern einer Werbung ausgesetzt, die das Ziel verfolgt, die Kinder aufmerksam zu machen und zum Kauf von Produkten anzuregen. Besonders häufig wird für Süßigkeiten, süße Getränke, Knabberartikel und Eis geworben.

Was und wie viel brauchen Kinder?

Die körperliche und geistige Entwicklung, die Konzentrations- und Leistungsfähigkeit und die Widerstandskraft gegen Krankheiten werden entscheidend beeinflusst durch das, was eine bzw. einer isst und trinkt. Das gilt für Kinder und Erwachsene gleichermaßen. Gesund und fit bleibt man am sichersten mit einer vollwertigen Ernährung. Vollwertig heißt: Alle Nährstoffe (Eiweiß, Fett, Kohlenhydrate, Vitamine und Mineralstoffe) werden in optimaler Menge mit den Lebensmitteln zugeführt – sinnvoll kombiniert und schonend zubereitet.

Besonderheiten bei Kindern sind die durch das Wachstum und den Bewegungsdrang intensiven und schnellen Stoffwechselvorgänge (⸱⸱⸱⸱ Kasten, Seite 13).
Kinder benötigen Energie für ihr Wachstum – und zwar abhängig von Alter, Körpergröße, Körpergewicht und Bewegungsintensität.

Bezogen auf ein Kilogramm Körpergewicht haben Kinder einen höheren Energiebedarf als Erwachsene.

> ## Normales Wachsen heißt:
> ### Es geht mal in die Breite, mal in die Länge
>
> **Das normale Wachstum im 1. Lebensjahr** ist vor allem ein „Größenwachstum" und erstreckt sich gleichzeitig in die Länge und in die Breite.
>
> **Am Ende des 1. Lebensjahres** haben alle Organe, die mit der Nahrungsaufnahme und Verdauung zu tun haben, eine gewisse Stabilisierung erfahren. Das Kind nimmt jetzt wesentlich langsamer an Gewicht zu als in seinen ersten Lebensmonaten. Sobald es laufen lernt, schwindet das Fettpolster zugunsten der Muskelbildung.
>
> **Im Kleinkindalter** geht es wieder mehr in die Fülle als in die Höhe. Manches Kind wirkt dann richtig pummelig.
>
> **Zwischen dem 5. und 7. Lebensjahr** steht das Längenwachstum im Vordergrund. Das Kind sieht schlanker aus, bevor es **vom 8. bis zum 10. Lebensjahr** wieder eher an Gewicht zulegt. Danach wächst es wieder in die Länge, in der Regel **vom 11. bis zum 15. Lebensjahr**. In dieser Zeit sind die Kinder häufig mager, „hochaufgeschossen" und haben eine schwache Muskulatur.

Diese natürlichen Wachstumswellen sollten Eltern berücksichtigen, bevor sie sich möglicherweise unnötige Sorgen machen oder gar „korrigierende" Maßnahmen ergreifen.

Die Kalorienangaben in der folgenden Übersicht sind Mittelwerte und gelten für Kinder mit durchschnittlichem Gewicht und durchschnittlicher Größe.

Richtwerte für den Energiebedarf (in kcal/Tag)

Alter	Mädchen	Jungen
1 bis 4 Jahre	1.000	1.100
4 bis 7 Jahre	1.400	1.500
7 bis 10 Jahre	1.700	1.900
10 bis 13 Jahre	2.000	2.300
13 bis 15 Jahre	2.200	2.700

Quelle: D-A-C-H Referenzwerte für die Nährstoffzufuhr, 2008

Worauf kommt es an?

Eiweiß, Fett und Kohlenhydrate sind die Hauptnährstoffe und Energie- und damit Kalorienlieferanten.

Wenn Sie wissen wollen, wie viel Kinder davon benötigen, können Sie dies mithilfe der folgenden Informationen selbst errechnen. Übrigens sind diese Prozentzahlen auch die Basis für die Berechnung der Lebensmittelmengen in der Tabelle auf Seite 31.

Die Energielieferanten

1 g Kohlenhydrate liefert rund 4 kcal ...

Den größten Teil der Nahrungsenergie, ca. 55 %, liefern die **Kohlenhydrate**. Stärke, Zucker und Ballaststoffe gehören zu dieser Gruppe. Vor allem Getreide, Kartoffeln, Obst und Gemüse sollten die Zufuhr bestimmen. Diese Lebensmittelgruppen sichern auch eine ausreichende Ballaststoffzufuhr.

... 1 g Fett rund 9 kcal ...

... und 1 g Eiweiß rund 4 kcal.

Fette liefern ca. 30 % der Nahrungsenergie. Sie sollten vorwiegend pflanzlicher Herkunft sein. Der Rest von 15 % der Energie kommt aus **Eiweiß**, je zur Hälfte pflanzlicher (Getreide und Kartoffeln) und tierischer Herkunft (Milch, Eier, Fleisch und Fisch).

Mit Hilfe dieser Prozentzahlen können individuell und altersgerecht die Grammmengen für die einzelnen Nährstoffe errechnet werden.

Ein Beispiel

Mädchen, 8 Jahre

Energiebedarf:	1.700 kcal	
55 % Kohlenhydrate	= 935 kcal geteilt durch 4 kcal/g =	234 g
30 % Fett	= 510 kcal geteilt durch 9 kcal/g =	57 g
15 % Eiweiß	= 255 kcal geteilt durch 4 kcal/g =	64 g

Aufgaben und Vorkommen der Hauptnährstoffe

Nährstoff	Aufgaben	Vorkommen
Kohlenhydrate		
Stärke	• Energielieferant	• Getreide, Brot, Hülsenfrüchte, Kartoffeln
Ballaststoffe	• Verdauung anregend	• Vollkorngetreide, Brot, Gemüse, Hülsenfrüchte, Kartoffeln, Obst
Zucker	• Energielieferant	• Haushaltszucker, Süßigkeiten, zuckerhaltige Lebensmittel
Fett	• liefert Energie, fettlösliche Vitamine A, D, E, einfach und mehrfach ungesättigte Fettsäuren	• *sichtbar:* Margarine, Butter, pflanzliche Öle • *versteckt:* Fleisch, Wurst, Eier, Käse, Nüsse, Schokolade, Schokoladenerzeugnisse, Backwaren
Eiweiß	• unentbehrlicher Baustein für das Wachstum	• *tierisch:* Fleisch, Fisch, Eier, Milch, Milchprodukte • *pflanzlich:* Getreide, Kartoffeln, Hülsenfrüchte

Vitamine und Mineralstoffe

Vitamine und Mineralstoffe liefern keine Energie, sie sind Wirkstoffe, die im Stoffwechsel lebensnotwendige und recht unterschiedliche Aufgaben erfüllen. Nur wenn sie in ausgewogener Menge aufgenommen werden, ist eine gesunde Entwicklung bei Kindern gewährleistet. Gesundheitsfördernd sind auch die sogenannten sekundären Pflanzenstoffe. Sie wirken z. B. antibakteriell und Krebs vorbeugend und kommen nur in pflanzlichen Lebensmitteln vor.

Sekundäre Pflanzenstoffe

Die Zufuhr der meisten Vitamine und Mineralstoffe ist gesichert. Probleme bereiten kann die bedarfsgerechte Zufuhr von Eisen, Jod, Calcium, Folat und Vitamin D. Hier ist es wichtig, in Abhängigkeit vom Alter, eine ausreichende Zufuhrmenge sicherzustellen.

Das Wissen um die Aufgaben und Vorkommen dieser kritischen Vitamine und Mineralstoffe erleichtert die Zusammenstellung optimaler Mahlzeiten (⤑ Übersicht, Seite 17).

Aufgaben und Vorkommen kritischer Vitamine und Mineralstoffe

Nährstoff	Aufgaben	Vorkommen
Vitamine		
Folat	• Bestandteil von Enzymen im Eiweißstoffwechsel, Zellteilung, Zellerneuerung	• grünes Blattgemüse, Vollkornprodukte
Vitamin D	• beteiligt am Skelettaufbau • verbessert die Calciumaufnahme im Darm • beteiligt am Calciumstoffwechsel	• fettreiche Fische wie Lachs, Hering, Makrele und Eier • Eigenproduktion aus Vorstufen in der Haut durch Bewegung und Aufenthalt im Freien
Mineralstoffe		
Calcium	• Aufbau und Erhaltung von Knochen und Zähnen • Erregbarkeit von Muskeln und Nerven	• Milch und Milchprodukte, Käse, Nüsse, Gemüsearten wie Brokkoli, Grünkohl, Spinat und calciumreiches Mineralwasser
Jod	• Baustein zur Bildung von Schilddrüsenhormonen	• Seefisch, jodiertes Speisesalz, mit Jodsalz hergestellte Lebensmittel wie Brot, Käse, Wurst
Eisen	• Bestandteil des roten Blutfarbstoffes • Sauerstoffversorgung des Körpers • Aufbau von Enzymen	• Fleisch, Getreide, Nüsse, grünes Gemüse

Mit zunehmendem Alter der Kinder steigt der Bedarf wichtiger Nährstoffe an (····≻ Übersicht, Seite 18). Lebensmittelgruppen, die gute Lieferanten dieser Vitamine und Mineralstoffe sind, sollten deshalb entsprechend berücksichtigt werden. Wie gesunde Mahlzeiten aussehen, erfahren Sie ab Seite 114.

Empfohlene Zufuhr der kritischen Nährstoffe

Nährstoffe	2–3 Jahre	4–6 Jahre	7–9 Jahre	10–12 Jahre	13–14 Jahre
Calcium in mg	600	700	900	1.100	1.200
Eisen in mg	8	8	10	13	13
Jod in ug	100	120	140	180	200
Folat in ug	200	300	300	400	400
Vitamin D in ug	5	5	5	5	5

Quelle: D-A-C-H Referenzwerte für die Nährstoffzufuhr, 2008

Was essen Kinder?

Zu viel Fastfood

Kinder verfügen über ein recht gutes Ernährungswissen, so gelten z. B. Obst, Gemüse und Milchprodukte bei ihnen als „gesund". Aber sie verhalten sich nicht danach. Gerne und am liebsten so oft wie möglich essen sie Pizza, Eis, Pommes, Hamburger, Schokolade, Süßigkeiten und trinken Limonade und andere Erfrischungsgetränke. Dafür geben sie einen Großteil ihres Taschengelds aus, das sind immerhin durchschnittlich 23 Euro im Monat bei den 6- bis 13-Jährigen. *(Kids-Verbraucheranalyse, 2010)*

Zu wenig Gemüse

Je mehr zwischendurch geschleckt wird, umso mehr fehlt bei den Mahlzeiten der Appetit – mit der Konsequenz, dass Gemüse, Kartoffeln, Obst und Brot zu wenig gegessen werden. Dass Kinder nicht immer das essen, was die Deutsche Gesellschaft für Ernährung empfiehlt, zeigt die EsKiMo-Studie 2008*. Einige wichtige Ergebnisse in Kürze:

• Etwa 50 % der 6- bis 11-jährigen Kinder trinken zu wenig und bevorzugen süße Getränke.

* Die EsKiMo-Studie von 2008 ist die Auswertung der Ernährungsgewohnheiten aus der ersten repräsentativen Studie zur Gesundheit von Kindern und Jugendlichen. Die EsKiMo-Studie wurde von der Universität Paderborn durchgeführt.

- Nur sehr wenige Kinder erreichen die empfohlenen Verzehrmengen für Obst und Gemüse.
- Ebenso ist der Anteil an Brot und Kartoffeln zu gering. Vollkornprodukte kommen zu kurz.
- Milch und Milchprodukte gehören zu den Lebensmitteln, die nicht bei allen Kindern regelmäßig auf dem Speiseplan stehen.
- Dies trifft auch auf Fischgerichte zu. Sie bereichern eher selten die Mahlzeiten.
- Deutlich überschritten werden die Verzehrmengen bei fettreichen Lebensmitteln. Hier sind es vor allem Fleisch, Fleischwaren und Wurst.
- Die Verzehrmengen für sichtbare Fette und Öle entsprechen in etwa den Empfehlungen. Dennoch ist wegen des hohen Anteils an tierischen Lebensmitteln die Zusammensetzung der Fettsäuren ungünstig: zu viele gesättigte Fettsäuren und ein zu geringer Anteil an ungesättigten Fettsäuren.
- Süßwaren, Knabberartikel, Cornflakes & Co. und Limonaden finden regen Zuspruch.

Achtung: Spätfolgen!

Ungünstige Essgewohnheiten, die in der Kindheit geprägt werden, sind im Erwachsenenalter nur schwer wieder loszuwerden. Das wird spätestens dann ein Thema, wenn dadurch ein Problem wie Übergewicht und/oder eine Krankheit wie z. B. Herz-Kreislauf-Erkrankungen, Osteoporose, Diabetes mellitus (Zuckerkrankheit), Gicht, Karies und bestimmte Krebserkrankungen ausgelöst und gefördert werden. Mit einer ausgewogenen Ernährung kann diesen sogenannten Zivilisationskrankheiten früh vorgebeugt werden.

Zusammengefasst kommt bei dem, was Kinder essen, heraus:

Kinder essen vor allem
zu viel fettreiches Fleisch und fettreiche Wurst
zu viele Süßigkeiten
zu wenig Gemüse und Kartoffeln
zu wenig Vollkornprodukte
zu wenig Milch(-produkte)

Kinder trinken
zu wenig insgesamt, aber anteilig
zu viele süße Getränke

Was fehlt Kindern?

Beim Blick auf den Speiseplan von Kindern hat sich gezeigt, dass die Aufnahme von Kalorien, Kohlenhydraten und Fetten im Durchschnitt den Empfehlungen entspricht. Eine ausreichende Versorgung ist auch bei den meisten Vitaminen und Mineralstoffen gegeben. Dennoch gibt es einige Nährstoffe, die zu kurz kommen und die bei der Auswahl der Lebensmittel besonders beachtet werden sollten.

Ballaststoffe, Stärke

Aus der Gruppe der Kohlenhydrate sind es vor allem die Ballaststoffe und die Stärke. Ballaststoffe schützen vor Verstopfung und sind reichlich in Vollkorngetreide zu finden. Mehr dazu finden Sie auf Seite 14, 15 und ab Seite 40.

Calcium, Eisen

Insbesondere Mädchen sind oftmals nicht ausreichend mit Calcium und Eisen versorgt. Calcium ist ein wichtiger Baustoff für die Knochen und hauptsächlich in Milch und Milchprodukten enthalten. Eisen ist wichtig für den Transport von Sauerstoff im Blut. Neben Fleisch leisten vor allem Vollkornprodukte einen wesentlichen Beitrag zur Versorgung.

Aufgrund zahlreicher Maßnahmen zur Verbesserung der Jod- **Jod**
zufuhr hat sich Deutschland von einem Jodmangelgebiet zu
einem Land mit niedriger normaler Jodversorgung entwickelt.
Die vorliegenden Daten zur Jodaufnahme durch Lebensmittel
berücksichtigen allerdings kaum die Verwendung von jodiertem
Speisesalz im Haushalt. Jod wirkt als Bestandteil der Schilddrü-
se und beeinflusst zahlreiche Stoffwechselprozesse. Der Verzehr
von Seefisch, aber auch von Milch und Milchprodukten sowie
die Verwendung von jodiertem Speisesalz sind wesentliche
Maßnahmen, um eine optimale Jodzufuhr zu erreichen.

Folat gehört ebenso wie Vitamin D zu den Vitaminen, deren **Folat**
bedarfsgerechte Zufuhr bei den derzeitigen Essgewohnheiten
nicht gesichert ist. Folat ist wichtig für die Zellneubildung und
Zellteilung. Reich an Folat sind Blatt- und einige Kohlgemüse
sowie Tomaten, Orangen und Vollkorngetreide.

Eine ausreichende Vitamin-D-Versorgung ist Voraussetzung für **Vitamin D**
eine optimale Calciumaufnahme und somit für den Aufbau von
Knochensubstanz. Vitamin D wird mithilfe von ultraviolettem
Licht aus Vorstufen in der Haut gebildet. Täglich 10 bis 15 Minuten Aufenthalt im Freien in einer Zeit von 10 bis 15 Uhr tragen
wesentlich zur Versorgung mit Vitamin D bei. Vitamin D kommt
außerdem in nennenswerten Mengen in fettreichem Fisch,
Pilzen, Butter, vollfetten Milchprodukten, angereicherter Margarine und Eigelb vor. In den Wintermonaten ist der UV-B-Anteil
des Sonnenlichtes geringer. Die genannten Lebensmittel zur
Sicherung der Zufuhr an Vitamin D sind dann besonders wichtig.

Damit ein Kind optimal mit Nährstoffen und Energie versorgt
wird, sollten seine Vorlieben, Abneigungen und sein Essverhalten individuell betrachtet werden. Auf dieser Basis erfolgt dann
eine passende und gesunde Zusammenstellung an Essen und
Getränken.

Was darf mein Kind wiegen?

Ob ein Kind unter-, über- oder normal-
gewichtig ist, wird mit dem sogenannten BMI (Body-Mass-Index) bestimmt.
Der BMI lässt sich aus dem Gewicht und
der Größe des Kindes errechnen (⤑
BMI-Formel). Wenn Sie genau wissen
wollen, wie der Gewichtsstatus Ihres
Kindes zu beurteilen ist, fragen Sie Ihre
Kinderärztin oder Ihren Kinderarzt.

Eine erste Einschätzung ist anhand des
errechneten BMI und der abgebildeten
Perzentilenkurven möglich. Dafür zeichnen Sie das Alter Ihres
Kindes mit einer senkrechten Linie und den errechneten BMI
mit einer waagerechten Linie ein. Liegt der Kreuzungspunkt im
markierten grünen Bereich, dann ist das Gewicht im Toleranzbereich; liegt er darüber, dann besteht eine Tendenz zu Übergewicht; liegt er darunter, dann wiegt das Kind zu wenig.

Die BMI-Formel:
Beispiel: 7-jähriges Mädchen, 28 kg, 1,30 m groß

$$\frac{\text{Gewicht (in kg)}}{\text{Größe (in m) x Größe (in m)}} = \text{BMI} \qquad \frac{28}{1,30 \times 1,30} = 16,6$$

Perzentilen für den BMI

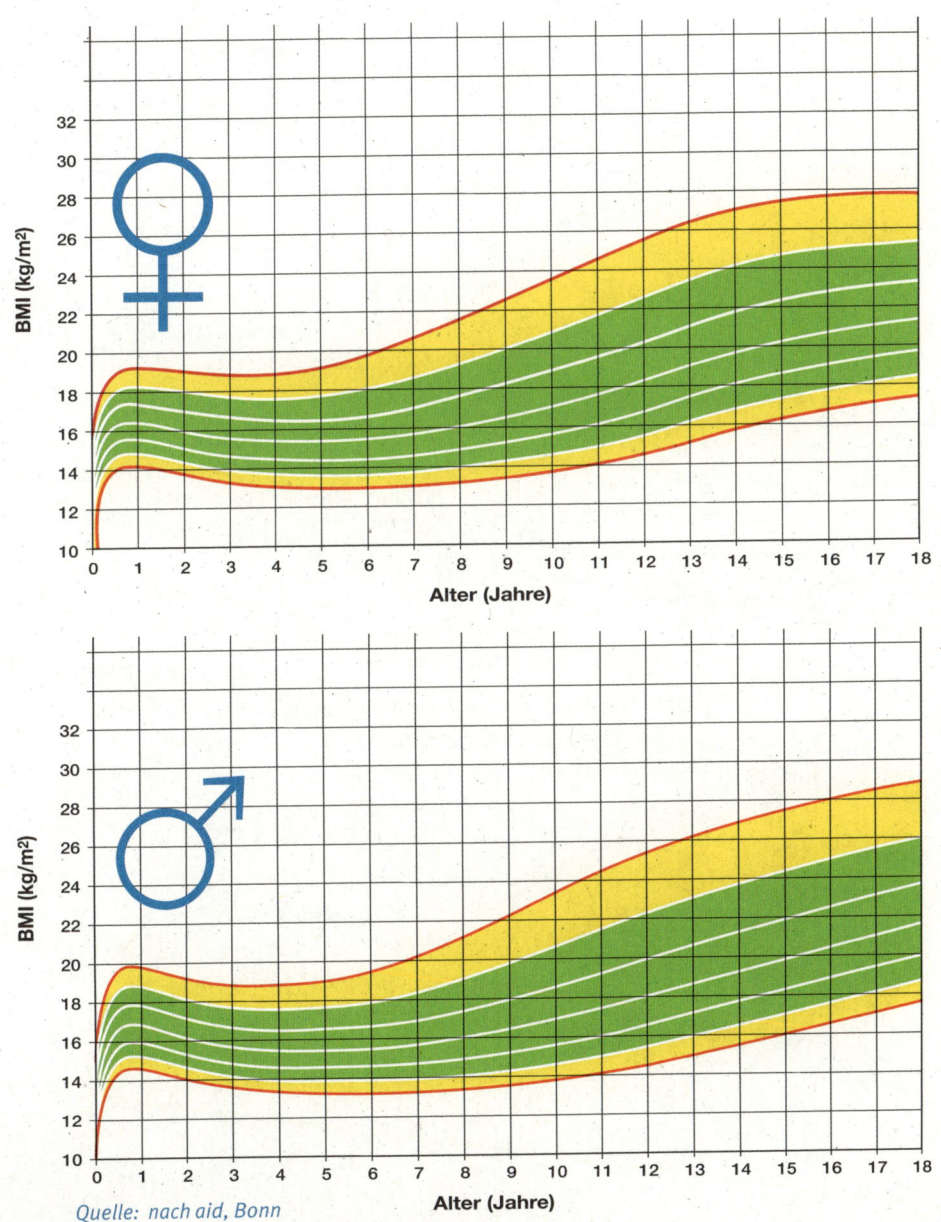

Quelle: nach aid, Bonn

Mein Kind ist zu dünn – was soll ich tun?

Zunächst sollten Sie feststellen, ob Ihr Kind wirklich zu dünn ist. Das können Sie mithilfe der Grafik (⸱⸱⸱⸱⸱⸱⸱⸱> Seite 23). Liegt das Gewicht noch im Toleranzbereich, besteht kein Grund zur Besorgnis. Ist Ihr Kind tatsächlich zu dünn, sollten Sie sich einige Gedanken zu den Ursachen machen und gegebenenfalls Ihre Kinderärztin oder Ihren Kinderarzt aufsuchen. Einige Beispiele für mögliche Ursachen:

- *Ihr Kind hat gerade einen Wachstumsschub.*
- *Es hat nicht genug Zeit zum Essen.*
- *Es hat keinen Appetit.*
- *Es treibt zu viel Sport.*
- *Es ist oft zu müde zum Essen.*
- *Es hat womöglich Ärger, z. B. in der Schule.*
- *Ältere Mädchen – aber auch manche Jungen – machen schon eine „Schönheitsdiät".*

Sollte Ihr Kind kein „großer Esser" sein, können Sie durch den Zusatz von Nüssen, Trockenobst, Sahne oder Butter die Speisen etwas energiehaltiger gestalten. Achten Sie darauf, dass fünf bis sechs kleine Mahlzeiten gegessen werden, und geben Sie zu den Zwischenmahlzeiten Obst, Obst mit Milchprodukten oder Müsli.

Eine Neigung zu geringerem Körpergewicht ist vor allem bei Mädchen festzustellen. Die extreme Pubertätsmagersucht bricht häufig mit 14 bis 15 Jahren bis zum 25. Lebensjahr aus und ist die Folge von zwanghaftem Hungern. Mit Ernährung allein ist die Magersucht nicht aufzufangen, Sie sollten in diesem Fall ärztlichen bzw. psychologischen Rat einholen.

Mein Kind ist zu dick – was soll ich tun? ❓

Stellen Sie mithilfe der Grafik auf Seite 23 fest, wie sich das Gewicht Ihres Kindes einordnet. Bevor Sie etwas unternehmen, versuchen Sie erst, die Ursache(n) für das Übergewicht Ihres Kindes herauszufinden. Sehr häufig spielen ungünstige Essgewohnheiten wie Naschen, schnelles und unregelmäßiges Essen, mangelnde Bewegung, aber auch Stress, Langeweile oder Frustration als psychische Faktoren eine Rolle. Sprechen Sie in diesem Fall mit der Kinderärztin oder dem Kinderarzt, mit Ernährungsberaterinnen und -beratern oder holen Sie sich psychologischen Rat.
Ist eine leichte Tendenz zum Übergewicht zu erkennen, können folgende Hinweise helfen:

- *Verkleinern Sie die Portionen.*
- *Berücksichtigen Sie bei der Zusammenstellung der Mahlzeiten die Wünsche Ihres Kindes.*
- *Schränken Sie das Naschen von Süßigkeiten, Chips usw. ein.*
- *Beschäftigen Sie sich mit Ihrem Kind, wenn es Aufmerksamkeit braucht.*
- *Wenn Ihr Kind Langeweile hat, überlegen Sie gemeinsam, was Abhilfe schafft.*
- *Gehen Sie beim Zubereiten und Kochen mit Fett und Zucker sparsam um.*
- *Bevorzugen Sie fettarme Sorten bei Milch, Joghurt, Quark, Käse, Wurst, Fleisch und Fisch.*
- *Ersetzen Sie häufiger Wurst oder Käse auf dem Brot durch Gurken- oder Tomatenscheiben.*

Richtig essen mit der aid-Ernährungspyramide

aid infodienst e. V., Idee: Sonja Mannhardt

Manchmal ist es schwierig, aus dem unüberschaubar großen Lebensmittelangebot das zu erkennen, was lecker und gesund, qualitativ gut und den Preis wert ist. Die aid-Ernährungspyramide zeigt, wie es gehen kann. Sie ist eine familientaugliche Orientierungshilfe für die richtige Auswahl der Lebensmittel und hilft, die passenden Portionsgrößen und Mahlzeitenkombinationen zu finden.

Die Pyramide basiert auf den Ernährungsempfehlungen nach optimiX® (---> Kasten). Diese Ernährungsempfehlungen lauten:

- reichlich pflanzliche Lebensmittel
  (Gemüse, Obst, Getreide) und Getränke
- mäßig tierische Lebensmittel
  (Milch, Milchprodukte, Fleisch, Fisch und Ei),
- sparsam fettreiche Lebensmittel
  (Butter, Margarine, Öle, fettreiche Fleisch- und Wurstwaren) und Süßwaren.

Wofür optimiX® steht

optimiX® ist die Abkürzung für „Optimierte Mischkost". Dahinter steht das Ernährungskonzept des Forschungsinstituts für Kinderernährung in Dortmund. optimiX® basiert auf den von der Deutschen Gesellschaft für Ernährung (DGE) festgelegten Referenzwerten für die Energie- und Nährstoffzufuhr und berücksichtigt u. a. die Mahlzeitengewohnheiten sowie die Essensvorlieben und Abneigungen von Kindern und Jugendlichen. Die sich daraus ergebende Lebensmittelauswahl leistet einen Beitrag zur Prävention ernährungsbedingter Erkrankungen.

Eine erste Orientierungsmöglichkeit für die richtige Auswahl der Lebensmittel sind die Ampelfarben Grün, Gelb und Rot. Sie geben das Signal, für welche Lebensmittel der Weg frei ist, bei welchen man „auf die Bremse" treten soll und bei welchen ein „Achtung!" geboten werden sollte.

Ampelfarben zur Orientierung

Grün:	zum Durstlöschen	Getränke
	zum Sattessen	pflanzliche Lebensmittel
Gelb:	zum maßvollen Genuss	tierische Lebensmittel
Rot:	zum Genießen und	fettreiche und süße
	Verfeinern	Lebensmittel

Die Bedeutung der Lebensmittel lässt sich auch mit der Form der Pyramide anschaulich darstellen: Die aid-Ernährungspyramide teilt die Lebensmittel für den täglichen Bedarf in Gruppen ein, die entsprechend ihrer Bedeutung und ihrer Mengenanteile auf sechs Ebenen angeordnet sind. Ein Kästchen stellt jeweils eine Portion dar (····⟩ Seite 29).

Für Kinder und Erwachsene baut sich die Pyramide folgendermaßen auf:

Die aid-Ernährungspyramide

1. Ebene:	6 Portionen Getränke als Basis
2. Ebene:	5 Portionen Obst und Gemüse, roh oder zubereitet (····⟩ Kasten „5 am Tag", Seite 44)
3. Ebene:	4 Portionen Brot, Getreide und Beilagen
4. Ebene:	3 Portionen Milch, Milchprodukte und 1 Portion Fleisch oder Wurst oder Fisch oder Ei
5. Ebene:	2 Portionen Öl, (Streich-)Fett
6. Ebene:	1 Portion Süßigkeiten oder Snacks

Wie sich die Pyramide über einen Tag hinweg passend füllen lässt, zeigt das nebenstehende Beispiel. Wie groß die jeweiligen Portionen sind, wird mit dem praktischen „Handmodell" ab Seite 30 aufgezeigt. Die einzelnen Lebensmittelgruppen werden im folgenden Kapitel näher beschrieben.

Essen und Trinken nach der Ernährungspyramide ermöglicht der ganzen Familie eine schmackhafte und ausgewogene Ernährung.

Beispiel für einen Tagesplan

Mahlzeit	1. Tag	Portionen	
Frühstück	Kräutertee Müsli mit Joghurt und frischem Obst	Getränk Getreide Milchprodukt Obst/Gemüse	
2. Frühstück	Trink- oder Mineralwasser Vollkornbrot mit Butter und Käse Kohlrabischeiben	Getränk Getreide Fett Milchprodukt Gemüse/Obst	
Mittagessen	Trink- oder Mineralwasser Bunter Gemüse- Nudelauflauf mit Ei und Speiseöl	Getränk Gemüse/Obst Getreide Ei Fett	
Zwischen- mahlzeit	Verdünnter Obstsaft Gemüsespieß	Getränk (Obst/ Gemüse) Gemüse	
Abendessen	Früchtetee Vollkornbrötchen mit Kräuterquark und Apfel	Getränk Getreide Milchprodukt Obst/Gemüse	
„Extras"	Gummibärchen	Schleckerei	
Zwischen- durch	Kräutertee	Getränk	

Portionen und Mengen – das Handmodell

Sie haben die richtige Auswahl bei den Lebensmitteln getroffen und die Anzahl der Portionen berücksichtigt. Doch nun stellen Sie sich die Frage: Was bedeutet eine Portion? Wie groß darf die Menge sein?

Die richtige Menge ist dann gegeben, wenn der Energie- und Nährstoffbedarf dem Alter des Kindes entsprechend gedeckt werden kann. Dann wächst das Kind gesund auf, ist fit und leistungsfähig und entwickelt sein Gewicht im Normbereich.

Portionsmaß: die eigene Hand

Das hier vorgestellte Handmodell wurde entwickelt, um lästiges Berechnen und Abwiegen überflüssig zu machen. Für die Praxis bedeutet das: Die Portionsgröße orientiert sich an der Größe der eigenen Hand. Nach dem Motto „Kleine Hände, kleine Portionen – große Hände, große Portionen" ist dieses Maß individuell und wächst mit.

© Photos S. 30 + 31: aid, Bonn

Nach dem Handmodell ist eine geeignete Portion:

Lebensmittel	Portionsgröße	
für die Getränke	ein volles Glas (ca. 150–250 ml)	
für Beilagen wie z. B. Kartoffeln, Reis, Nudeln	beide Hände zur Schale geformt	
für Brot	die ganze Handfläche	
für Obst und Gemüse großstückig, z. B. ein ganzer Apfel	eine Handvoll	
für Obst und Gemüse/Salat, kleinstückig	beide Hände zur Schale geformt	
für Milch, Joghurt	1 Glas (0,2 l), 1 Becher (150 g)	
für Käse, Wurst, Fleisch	der Handteller	
für Fett	in Esslöffeln gemessen, je nach Alter 1,5–2 EL pro Tag	
für Süßigkeiten	eine Handvoll	

Was Sie über Lebensmittel wissen sollten

Nun wissen Sie, welche Lebensmittelgruppen wichtig sind und wie oft und wie viel jeweils davon gegessen werden sollte. Was Sie bei der konkreten Auswahl berücksichtigen sollten, finden Sie in diesem Kapitel. Im Rezeptteil finden Sie jeweils passende Rezepte zum Ausprobieren.

Getränke

6 Portionen

1 Portion: 1 Glas oder Becher (150–200 ml)

Tagesmenge
Maßeinheit

Wohlbefinden und Leistungsfähigkeit hängen wesentlich mit ausreichendem Trinken zusammen. Schon bei einer leichten Unterversorgung nimmt das körperliche und geistige Leistungsvermögen ab.

Kleinkinder sollten etwa 0,6–1 l, Schulkinder 1–1,5 l trinken. Diese Mengen können auf 6 Portionen aufgeteilt werden.

Bei Kindern, die von sich aus wenig trinken, sollten Sie immer wieder erinnern bzw. direkt etwas anbieten. Zu jeder Mahlzeit gehört ein Getränk aus der Kategorie „empfehlenswerte Durstlöscher": Trinkwasser, Mineralwasser mit und ohne Kohlensäure, Kräuter- und Früchtetees ohne Zucker und Fruchtsaftschorlen bzw. verdünnte Obst- und Gemüsesäfte (1 Teil Saft und 3 Teile Wasser).

Empfehlenswerte Durstlöscher

Limonaden, Cola- und Fruchtsaftgetränke sowie Fruchtnektare enthalten vor allem viel Zucker und Zusatzstoffe und gehören in die Pyramidenspitze zu den Süßigkeiten.

Unverdünnte Obst- und Gemüsesäfte können ab und zu eine der empfohlenen fünf Portionen Obst und Gemüse am Tag ersetzen.

Milch, Milchmischgetränke und Kakao gelten wegen ihres hohen Energiegehalts eher als Zwischenmahlzeiten. Sie sind zum Durstlöschen nicht geeignet. Milch zählt daher zu den Milch- und Milchprodukten.

Milch & Co.

Grundsätzlich gut – die Qualität von Trinkwasser!

Trinkwasser ist unser wichtigstes Lebensmittel. Es muss so beschaffen sein, dass ein Mensch es ein Leben lang unbedenklich trinken kann: keimfrei, farb- und geruchlos, kühl und geschmacklich einwandfrei. Dass es so aus dem Wasserhahn läuft, dafür sorgt der Gesetzgeber. Vor allem in der Trinkwasserverordnung sind Grenzwerte für problematische Inhaltsstoffe festgelegt. In Ausnahmefällen kann es jedoch einmal zu einer gesundheitlichen Gefährdung kommen, z. B. wenn in einem Haus noch alte Bleirohre installiert sind, der Nitratgehalt hoch ist, erhöhte Kupferwerte festgestellt werden und beim Einsatz eines Sprudlergerätes nicht streng auf äußerste Sauberkeit geachtet wurde.

Diese Beeinträchtigungen des Trinkwassers können insbesondere für Säuglinge und Kleinkinder problematisch werden. Um diese Gefährdung auszuschließen, sollten Sie Folgendes beachten:

- Wasser aus Bleirohren, das längere Zeit (1 Stunde) in der Leitung gestanden hat, sollte 3–5 Minuten ablaufen, bis es verwendet wird. Säuglinge, Kleinkinder und Schwangere sollten dieses Wasser nicht trinken.
- Wasser aus Kupferrohrleitungen (Hausbrunnen) ist für Säuglinge nicht geeignet. Grundsätzlich sollte der Kupfergehalt des Wassers ermittelt werden, um sicherzustellen, dass die Grenzwerte der Trinkwasserverordnung nicht überschritten werden.
- Bis zu dem gesetzlich festgelegten Nitrathöchstwert von 50 mg/l besteht keine Gefahr für Säuglinge. Liegt der Nitratwert darüber, ist auf spezielles Wasser mit der Kennzeichnung „geeignet für die Zubereitung von Säuglingsnahrung" auszuweichen.
- Trinkwasser sollte immer frisch gezapft werden. Das gilt auch, wenn es anschließend in einem Sprudlergerät mit Kohlensäure angereichert wird. Sprudlergeräte und die dazugehörigen Flaschen sind regelmäßig gründlich zu reinigen.

Sind mit Süßstoff gesüßte Getränke eine Alternative zu zuckerhaltigen Getränken?

Diese vielfach als „Lightgetränke" angebotenen Lebensmittel sind keine Alternative. Durch den Austausch von Zucker gegen Süßstoffe sind zwar die Kalorien reduziert, aber die Gewöhnung an Süßes bleibt (⸱⸱⸱⸱> auch Seite 72).

Dürfen Kinder Cola trinken?

Vorab eine Gegenfrage: Lassen Sie Ihr Kind Kaffee trinken? Nein? Dann haben Sie sich schon selbst die Antwort gegeben, denn Cola-Getränke enthalten ebenfalls Koffein und sind deshalb für Kinder ungeeignet. Unabhängig davon bietet Cola wenig Aufmunterndes: Wasser, Zucker (7 Stücke Würfelzucker pro Glas, 0,2 l), Kohlensäure, Farbstoffe, Säuerungsmittel, Aromastoffe – keine Vitamine, keine Mineralstoffe. Cola light oder Diätcola enthalten zwar keinen Zucker – der ist durch Süßstoffe ersetzt –, dafür aber Koffein. „Kinder-Cola" ist zwar koffeinfrei, weist aber den vollen Zuckergehalt auf. Bessere und preiswertere Alternativen sind Trink- und Mineralwasser und verdünnte Obstsäfte. Wenn Ihr Kind regelrecht auf Cola versessen ist, können Sie, mit Ihrem Kind abgestimmt, in einzelnen Situationen Ausnahmen erlauben, z. B. im Restaurant oder beim Geburtstag.

Sind Smoothies ein guter Ersatz für frisches Obst?

Smoothies sind sogenannte Ganzfruchtgetränke. Im Gegensatz zum Fruchtsaft wird das Obst nicht ausgepresst, sondern die ganze Frucht fein püriert.

Selbst hergestellte Smoothies können eine Alternative sein, wenn Ihr Kind nicht gerne Obst isst. Pürieren Sie hierzu Früchte, z. B. Erdbeeren, Honigmelone, Ananas, Bananen mit Naturjoghurt oder ein wenig Milch, und geben das Getränk in ein hübsches Glas.

Gekaufte Smoothies aus dem Lebensmittelregal bestehen vorrangig aus püriertem Obst, Säften oder Konzentraten. Da es für die Zusammensetzung von Smoothies keine Vorschriften gibt, lässt sich die Qualität nur anhand der Zutatenliste erkennen. Achten Sie beim Kauf von Smoothies auf einen hohen Anteil von Obst oder Gemüse und darauf, dass sie keinerlei Zusatzstoffe und Zucker enthalten. Auch ein Blick auf den Preis pro Liter lohnt sich.

 ## Sind ACE-Säfte oder andere angereicherte Getränke notwendig?

Nein. Eine abwechslungsreiche Ernährung bietet alle lebensnotwendigen Vitamine und Mineralstoffe in optimal zusammengesetzter Form und Kombination. Zugesetzte Vitamine und Mineralstoffe erreichen nie diese harmonische Zusammensetzung. Darüber hinaus können wir mittlerweile davon ausgehen, dass ein Teil der zugesetzten Vitamine gentechnisch hergestellt wurde. Auch wenn die meisten Säfte in Bezug auf einen erhöhten Vitamingehalt unproblematisch sind – ein Zuviel wird in der Regel ausgeschieden –, bei den Mineralstoffen sieht das schon anders aus. Verschiedene Mineralstoffe beeinflussen sich gegenseitig bei ihrer Wirkung und Verwertung, z. B. vermindert Calcium die Ausnutzung von Eisen.

Gemüse und Obst

5 Portionen;   Tagesmenge

die fünfte Portion kann ein Gemüse- oder Fruchtsaft sein.

1 Portion großstückig: eine Handvoll   Maßeinheit

1 Portion kleinstückig: beide Hände zur Schale geformt

Kaum eine Lebensmittelgruppe hat eine so bunte Vielfalt zu bieten wie Gemüse und Obst. Bei der Auswahl orientieren Sie sich am besten am heimischen Erntekalender und greifen auf das jahreszeitliche Angebot zurück. Treibhausgemüse enthält meist mehr Nitrat als Freilandgemüse und benötigt bei seiner Erzeugung zusätzliche Energie. Bevorzugen Sie Produkte aus dem jeweiligen regionalen und saisonalen Angebot (····≯ Obst- und Gemüsekalender ab Seite 216) und wenn möglich in Öko-Qualität.

Jahreszeitliches Angebot nutzen

Soll ich Obst und Gemüse aus ökologischem Landbau kaufen?

Nach Möglichkeit ja. Obst und Gemüse, aber natürlich auch alle anderen Lebensmittel aus dem ökologischen Landbau werden umweltschonend erzeugt. Bei der Produktion wird auf leicht lösliche Stickstoffdünger und chemisch-synthetische Pflanzenschutzmittel verzichtet. Aus diesem Grund sind Rückstände von Pflanzenschutzmitteln in Öko-Lebensmitteln normalerweise nicht enthalten. Allgegenwärtige Umweltschadstoffe aus Kraftfahrzeugen oder industrieller Produktion sind jedoch auch auf und in ökologisch erzeugten Lebensmitteln anzutreffen. Wenn Sie die Umwelt schonen und langfristig Ihrer Gesundheit etwas Gutes tun möchten, kaufen Sie Lebensmittel aus dem ökologischen Landbau (····≯ Seite 103).

Kann ich mich auf die Begriffe „Bio" oder „Öko" bei Lebensmitteln verlassen?

Ja. Öko-Lebensmittel, ob aus pflanzlicher oder tierischer Erzeugung, werden nach den Vorgaben des ökologischen Landbaus produziert. Erzeugung, Verarbeitung und Kontrolle dieser Lebensmittel sind durch die EU-Öko-Verordnung geregelt. Alle Lebensmittel, die die Worte „Öko" oder „Bio" in ihrem Namen führen, sind nach dieser EU-Verordnung hergestellt. Bei Begriffen wie „alternativ", „umweltschonend", „unbehandelt", „gewachsen ohne Chemie" etc. sollten Sie skeptisch sein. Seit September 2001 gibt es ein bundeseinheitliches Bio-Siegel. Das damit verbundene Ziel ist, beim Einkauf die Marktübersicht und damit die Kaufentscheidung zu erleichtern. Über das Bio-Siegel hinaus gibt es weitere Kennzeichen, an denen Sie verlässliche Bio-Produkte erkennen können (⸱⸱⸱⸱> Seite 234 im Anhang).
Seit dem 1. Juli 2010 gibt es darüber hinaus ein EU-Bio-Logo. Dieses verpflichtet zur gleichzeitigen Angabe der Kontrollstellen-Nummer und der Herkunft der landwirtschaftlichen Rohstoffe.

Gemüse

Gemüse ist kalorienarm, reich an Vitaminen, Mineral- und Ballaststoffen und an sekundären Pflanzenstoffen. Es sollte möglichst frisch sein und die Hälfte der Tagesportion in roher Form eingeplant werden.

Gemüse schmeckt in jeder Form

Ob roh oder gegart, Rezepte gibt es für jeden Geschmack, auch speziell für den Geschmack der Kinder, die landläufig als Gemüsemuffel bekannt sind. Gemüserohkost als Ergänzung zum zweiten Frühstück oder Abendessen, Salate, gegartes Gemüse oder Gemüse als Auflauf oder Pizzabelag schmecken Kindern in der Regel.

Tiefkühlgemüse kann, wenn das Angebot mal nicht so üppig ist, eine Alternative zu frischem sein. Dann sollte es aber möglichst frei von weiteren Zusätzen wie Gewürzen, Sahne oder Butter sein. Nicht empfehlenswert ist Konservengemüse. Es ist in der Regel gesalzen. Durch die Erhitzung kommt es zu Einbußen bei den Vitaminen und sekundären Pflanzenstoffen.

Mein Kind mag kein Gemüse, fehlt ihm was?

Lehnt Ihr Kind Gemüse völlig ab, lässt sich für eine gewisse Zeit ein Ausgleich durch ein Mehr an Obst und Kartoffeln erreichen. Auf die Dauer ist Gemüse aber unverzichtbar. Erfahrungsgemäß mögen Kinder selten überhaupt kein Gemüse. Oft lehnen sie bestimmte Arten ab, z. B. „weil es so hart ist" oder „so komisch schmeckt".
Durch kleine Verführungen lassen sich auch Gemüsemuffel überzeugen: Pürierte Gemüse (Blumenkohl, Brokkoli, Möhren, Kürbis, Pastinaken, Zucchini) in Soßen versteckt sind eine ideale Ergänzung zu Reis- oder Nudelgerichten. Gemüsesuppen, in Kombination mit Kartoffeln zubereitet,

oder rohes Gemüse mit Dip zum Tunken als Fingerfood sind weitere Möglichkeiten, Kinder von Gemüse zu überzeugen. Gebackene Gemüsestreifen wie z. B. Kohlrabi, Zucchini oder Möhren können alternativ zu Pommes und Pizza angeboten werden.

Getreide, Brot und Kartoffeln

Tagesmenge
Maßeinheit

4 Portionen

1 Portion Getreide oder Beilagen:
beide Hände zur Schale geformt
1 Portion Brot: 1 Scheibe in der Größe der Handfläche

Getreide und Kartoffeln sind wichtige Grundnahrungsmittel. Sie sichern ganz wesentlich die Zufuhr so wichtiger Inhaltsstoffe wie Stärke, Ballaststoffe, B-Vitamine und Eisen. Beim Getreide sind es insbesondere die Vollkornprodukte, die einen wertvollen Beitrag zur Versorgung mit diesen Nährstoffen leisten.

Getreide und Getreideprodukte

Die Auswahl an Getreide und Getreideprodukten – auch aus dem vollen Korn – ist groß: Brot, Brötchen, Müsli, Nudeln, Reis.

Vollkornprodukte

Auch Hirse oder Grünkern schmecken lecker und bereichern den Speiseplan. Kinder essen Vollkornprodukte gerne, wenn sie z. B. als Pfannkuchen, Müsli oder Vollkornbrötchen mit Rosinen, Sesam oder Sonnenblumenkernen angeboten werden. Vollkornkuchen findet dann begeisterten Anklang, wenn er mit viel Obst oder Quark zubereitet wird (⸺⸽ Rezepte ab Seite 114).

Brot und Brötchen aus Vollkornmehl stehen in einer großen Auswahl zur Verfügung. Hergestellt aus fein gemahlenem Vollkornmehl, mit geschroteten oder ganzen Körnern, mit Samen und Nüssen – für jeden Geschmack gibt es ein Angebot. Brote oder Brötchen mit Bezeichnungen wie „Mehrkornbrot oder

-brötchen" sind in der Regel keine Vollkornbackwaren, sondern herkömmliche Mischbrote aus hellem Mehl mit geringen Körneranteilen.

Vollkorngetreideflocken, einzeln oder in Müslimischungen, sind ebenfalls eine gute Möglichkeit, Getreide bei den Mahlzeiten zu berücksichtigen. Bei Müslimischungen sollten Sie darauf achten, dass ihnen kein Zucker zugesetzt wurde.

Nudeln, Reis, Hirse, Grünkern oder andere Getreidearten können schmackhaft sowohl kalt als Salate oder warm als sättigende Beilagen den Speiseplan bereichern. Oft können eine leckere Soße oder ein Dip Getreidegerichte attraktiv machen.

Beim Einkauf von Vollkornprodukten sollten Sie genau hinschauen. Mehl aus dem vollen Korn wird unter der Bezeichnung „Vollkornmehl" angeboten. Eine Typenbezeichnung wie bei hellem Mehl (Type 405) ist nicht vorgeschrieben. Vollkornbrot und -brötchen müssen zu 90 % aus Vollkornmehl oder -schrot hergestellt worden sein. Eine dunklere Farbe ist kein Merkmal für ein Brot aus dem vollen Korn. Sie beruht oftmals auf dem Zusatz von Malzextrakten.

Beim Einkauf auf „Vollkorn" achten

Wann kann ich anfangen, meinem Kind „Vollkörniges" anzubieten?

Wenn die Backenzähne da sind und das Kind gut kauen kann. Für kleinere Kinder sollten die Körner nicht zu grob sein, denn leicht werden die Bissen noch unzerkaut heruntergeschluckt. Für Kinder, die von Anfang an Vollkornprodukte essen, sind diese ganz normal. Entdecken Kinder aber ungewohnt „Vollkörniges" auf ihrem Teller, müssen sie sich erst an die dunklere Farbe, den anderen Geschmack und an die härtere Konsistenz einzelner Speisen gewöhnen. Bei der Umstellung kann ein Kind unter Umständen mit starken Blähungen reagieren, wie übrigens Erwachsene auch. Werden die Produkte zunächst in kleinen Mengen angeboten und langsam

gesteigert, können sich die Verdauungsorgane an die „Mehr-
arbeit" gewöhnen. Die Bekömmlichkeit steigt durch gründ-
liches Kauen und reichliches Trinken. Sie kann durch Zucker
und Säfte gestört werden.

Kartoffeln

Am besten frisch

Frisch zubereitete Kartoffeln, gegart als Pellkartoffeln oder verarbeitet zu Püree, bringen Abwechslung in die warmen Mahlzeiten. Sie sind die Basis für zahlreiche Rezepte, die von schnell
bis aufwendig reichen. Seltener auf dem Speiseplan sollten die
fettreichen Varianten wie Pommes frites, Kroketten oder Rei-
bekuchen stehen. Nicht empfehlenswert sind Trockenprodukte
wie z. B. Püree- und Kloßpulver. Sie weisen nicht mehr den
ursprünglichen Nährstoffgehalt auf, haben aber darüber hinaus
eine Reihe weiterer Zutaten und Zusatzstoffe.

Acrylamid

Acrylamid entsteht bei der Erhitzung von Lebensmitteln im Zuge
der Bräunungsreaktion, vor allem wenn Kartoffel- und Getreide-
produkte frittiert, gebacken oder gebraten werden. Dies gilt sowohl für die industrielle als auch für die häusliche Zubereitung.
Aus Tierversuchen ist bekannt, dass hohe Acrylamiddosen Ner-
ven und Erbgut schädigen können. Für den Menschen wird es
als wahrscheinlich erbgutschädigend und krebserregend einge-
stuft. Grundsätzlich sollten Sie das Risiko minimieren.

 ## Was hat es mit dem Acrylamidgehalt in Pommes frites auf sich?

Pommes frites gehören ebenso wie Chips und Bratkartoffeln
zu den Lebensmitteln, die bei der Zubereitung Acrylamid
bilden können. Um den Acrylamidgehalt möglichst gering
zu halten, sollte die Temperatur in der Fritteuse nicht über
175 °C und im Backofen nicht über 180 °C (Umluft) bzw.
200 °C (ohne Umluft) liegen. Der Bräunungsgrad sollte maxi-
mal goldgelb sein. Je brauner die Pommes sind, desto mehr

Acrylamid enthalten sie. Besser ist es, dicke statt dünne Pommes frites zuzubereiten. Denn Acrylamid bildet sich an der Außenfläche: Je größer die Oberfläche im Vergleich zum gesamten Lebensmittel ist, desto mehr Acrylamid ist festzustellen. Backpapier verhindert durch eine weniger starke Kontaktbräune höhere Acrylamidwerte.

Grüne Stellen an Kartoffeln – kann man die mitessen?

In diesen grünen Stellen verbirgt sich die giftige Substanz Solanin. Sie wird weder durch Hitze zerstört noch von menschlichen Enzymen abgebaut. Beim Kochen geht sie in das Kochwasser über. Grüne Stellen müssen in jedem Fall weggeschnitten und das Kochwasser muss weggeschüttet werden.

Sind rohe Kartoffeln schädlich?

Nein. Sie belasten allerdings die Verdauung stärker als gekochte Kartoffeln. Rohe Kartoffelstärke ist für den Menschen sehr schlecht verwertbar. Beim Kochen verkleistert die Stärke und wird dadurch gut verdaulich.

Hülsenfrüchte

Auch Hülsenfrüchten zählen im weitesten Sinne zum Gemüse. Zu ihnen gehören die getrockneten Samen von Bohnen, Erbsen, Linsen und Soja. Sie sind wichtige Lieferanten von hochwertigem Eiweiß, Ballaststoffen, Eisen, Folat und Vitamin B_1. Insbesondere bei einer vegetarischen Ernährung sind sie in Kombination mit Getreide wichtige Lebensmittel zur Versorgung mit Eiweiß. Das Angebot an Hülsenfrüchten ist vielfältig: gelbe und grüne Erbsen, weiße, schwarze und rote Bohnen (Kidneybohnen), Augenbohnen, grüne, braune und rote Linsen sowie Sojabohnen, die vergleichsweise viel Fett enthalten. Zur Verbesserung der Verdaulichkeit empfiehlt es

Bohnen, Erbsen, Linsen, Soja

sich, ausreichend zu trinken und gut zu kauen. Durch die Kombination mit Vitamin-C-reichem Gemüse (z. B. Paprika, Brokkoli) wird die Verfügbarkeit des Eisens verbessert. Dies ist von besonderer Bedeutung für Vegetarier/innen.

Hülsenfrüchte sind vielfach verwendbar. Sie eignen sich zum Keimen (Keimlinge vor dem Essen blanchieren), für Eintopfgerichte, für Aufläufe, als Salatzutat und als Bratling-Grundlage. Für Kinder, die sehr leicht Blähungen bekommen, sollten Eintöpfe mit einer kleineren Menge Hülsenfrüchte und mit mehr Gemüse und Kartoffeln zubereitet werden. Linsen werden häufig besser vertragen als andere Hülsenfrüchte.

Obst

Süß und saftig – das ist Obst. Mit seiner Buntheit und seinen vielfältigen Zubereitungsmöglichkeiten ist für jeden Kindergeschmack etwas dabei. Möglichst in roher Form angeboten, ist es ein wertvoller Lieferant für Vitamine, vor allem Vitamin C, und Mineralstoffe. Es ist ideal als Ergänzung zum Frühstück, als Zwischenmahlzeit oder als Nachspeise. Eine Portion Trockenobst darf ab und zu ein Stück Obst ersetzen.

Obstkonserven enthalten oft Zucker. Sie sollten nur in Ausnahmefällen und dann möglichst ohne Zuckerzusätze angeboten werden.

„5 am Tag"

Die Gesundheitskampagne „Gemüse und Obst – Nimm 5 am Tag" hat das Ziel, durch die Steigerung des Gemüse- und Obstverzehrs insbesondere das Risiko für Herz-Kreislauf-Erkrankungen und für bestimmte Krebserkrankungen zu senken. Die Empfehlung gilt für Kinder und Erwachsene.
www.5amtag.de

Milch und Milchprodukte

Täglich **3** Portionen Milch, Milchprodukte, Käse
1 Portion Milch: 1 Glas oder Becher (150 bis 200 ml)
1 Portion Käse: Scheibe in Handtellergröße

Tagesmenge
Maßeinheit

Milch und Milchprodukte sind die wichtigsten Calciumquellen und liefern zudem wertvolles Eiweiß, aber auch Fett. Beim Blick in das Kühlregal eines Supermarktes wird deutlich: „Wer die Wahl hat, hat die Qual" – das Angebot ist so groß, dass es wichtig ist zu wissen, worauf es ankommt. Joghurt, Quark, Buttermilch und Dickmilch, naturbelassen und ohne weitere Zusätze, sind eine gute Wahl. Um Kalorien zu sparen, ist es empfehlenswert, sich für fettarme (1,5 % Fett) Varianten zu entscheiden. Mit Obst oder Kräutern „aufgepeppt", können Sie in eigener Regie und für jeden Geschmack Milchprodukte und Milchspeisen zubereiten. Allerdings sollten Milchprodukte mit weiteren Zutaten wie Fruchtpürees, Zucker oder Konservierungs- und Farbstoffen eher die Ausnahme sein.

Calcium- und
Eiweißquelle

Kleine Milchkunde: Welche Milch ist die richtige?

Milch ist nicht gleich Milch!
Sie können wählen zwischen:

Frischmilch mit dem Zusatz **„traditionell hergestellt"***: Dies ist eine Milch, die nach dem klassischen Pasteurisierungs-verfahren, kurzes Erhitzen bei mindestens 72 Grad, haltbar gemacht wurde. Dadurch wird sie vor schnellem Verderb geschützt, es gehen nur wenige Nährstoffe verloren und der frische Geschmack bleibt erhalten.

Frischmilch mit dem Zusatz **„länger haltbar"***: Diese auch als ESL-Milch bezeichnete Sorte, verdankt ihren Namen dem „extended shelf life" – also dem längeren Leben im Kühl-regal. Zwei unterschiedliche Verfahren sorgen dafür, dass diese Milch auch nach vier Wochen noch nicht sauer ist. In dem einen Fall wird sie kurz für wenige Sekunden auf bis zu 127 Grad erhitzt. Nachteil ist ein leichter Kochgeschmack, den viele von der H-Milch kennen. Im anderen Verfahren sieben die Molkereien mit mikrofeinen Filtern die Bakterien aus. Anschließend wird die Milch, wie bei Frischmilch üblich, pasteurisiert.

H-Milch (ultrahocherhitzte Milch) kann wochenlang ohne Kühlung aufbewahrt werden und ist für die Vorratshaltung geeignet. Empfindliche Gaumen schmecken einen „Kochge-schmack" heraus.

*Kennzeichnung auf der Basis einer Selbstverpflichtung vom Februar 2009, www.bmelv.de – Stichwort „Kennzeichnung von Konsummilch"

Bei der Auswahl der Käsesorten sollten Sie die mit einem mittleren Fettgehalt von bis zu 45 % Fett i. Tr. bevorzugen.

Milch ist kein Durstlöscher

Mit täglich einem viertel bis einem halben Liter Milch oder Milchprodukten und einer Portion Käse ist schon ein wesent-licher Beitrag für eine optimale Calciumversorgung geleistet.

Ein Glas Milch (0,2 l, 1,5 % Fett) enthält etwa 100 kcal. Aus diesem Grund sollte Milch als nahrhaftes Lebensmittel und nicht als Getränk betrachtet werden.

Übrigens: Sahne ist zwar ein Milchprodukt, gehört aber aufgrund des hohen Fettgehalts in die Pyramidenspitze.

Mein Kind mag keine Milch, nur Kakao!

Kakao kann eine Alternative sein, wenn Ihr Kind Milch und Joghurt ablehnt. Achten Sie aber auf den Zuckergehalt. Ein Teelöffel Instantkakao enthält 4 Gramm Zucker (= ca. 1,5 Zuckerwürfel). Besser ist selbst gekochter, wenig gesüßter Kakao. Oder vielleicht akzeptiert Ihr Kind auch selbst hergestellte Milchmischgetränke, z. B. mit Bananen. Achtung: Die mit Fruchtgeschmack angebotenen fertigen Milchmischgetränke oder Instantpulver sind ebenfalls zuckerreich.

Ist Kinderschokolade ein wertvoller Milchlieferant?

Nein. Kinderschokolade ist ein gutes Beispiel dafür, wie wir uns von der Werbung an der Nase herumführen lassen. Denn wir folgen gerne der gewollten Assoziation: Milch = gut und wertvoll; Milch in Schokolade = gute Schokolade = besonders gut für Kinder. Natürlich sind in einem Nahrungsmittel, das mit Milch hergestellt wird, auch die wichtigsten Bestandteile der Milch enthalten, vor allem das Calcium. Das allein reicht aber nicht aus, um Kinderschokolade zu einem nennenswerten Milchlieferanten zu machen. Sie ist vielmehr ein Fettkalorienlieferant. Denn im Vergleich zu einem viertel Liter Milch (3,5 % Fett) pur liefern 100 g Kinderschokolade mehr als die vierfache Menge an Kohlenhydraten (vor allem in Form von zugesetztem Zucker) und mehr als die vierfache Menge an Fett und die dreifache Menge an Kalorien. Betrachten Sie also Kinderschokolade als eine Süßigkeit wie andere Schokolade auch (⸻⸽ auch Seite 90).

Fleisch, Wurst, Fisch, Eier

Tagesmenge **1 Portion** Fleisch oder Fisch oder Ei oder Wurst
Bezogen auf eine Woche heißt das:
2–3 x Fleisch, 1 x Fisch und 2–3 Eier
Maßeinheit **1 Portion: 1 Stück in Handtellergröße**

Diese Lebensmittelgruppe ist sehr beliebt und kann einen
wertvollen Beitrag zur Versorgung mit hochwertigem Eiweiß,
wichtigen Mineralstoffen wie Eisen (Fleisch) und Jod (Fisch) und
B-Vitaminen leisten – wenn das oftmals reichlich enthaltene Fett
nicht wäre. Hier sollten Sie mit Überlegung auswählen.

Fleisch

Fettarme Fleischmahlzeiten sind möglich, wenn Sie sich für fett-
armes Muskelfleisch und fettarme Wurstwaren entscheiden. In
Frage kommen Rind-, Schweine- und Geflügelfleisch.

Fettarme Wurstwaren wie z. B. Geflügelwurst oder Schinken
können alternativ zum Käse als Brotbelag eingeplant werden.
Wenn Kinder nur schwer auf fettreiche Streichwurst verzichten
können, kann das Streichfett (Butter, Margarine) eingespart werden. Speck zählt aufgrund des hohen Fettgehalts zu den Fetten
und Ölen.

**Artgerechte
Tierhaltung** Doch der gesundheitliche Wert von Fleisch ist nicht alles. Kaufen
Sie möglichst Fleisch aus artgerechter Tierhaltung. Dies ist in
der Regel qualitativ besser und unterstützt eine nachhaltige Le-
bensmittelproduktion (⸱⸱⸱⸱⸱⸱➤ Seite 103). Seltener Fleisch zu essen,
dafür aber besseres (artgerecht erzeugtes), passt zu unserer
Empfehlung, zwei bis drei Fleischmahlzeiten pro Wo. zu essen.
Dabei ist das Fleisch eher als Beilage für Gemüse und Kartoffeln gedacht. Unterm Strich ist eine solche Mahlzeit dann nicht
teurer.

Müssen Kinder Fleisch essen?

Jein! Eine streng vegetarische Ernährung, bei der sämtliche tierischen Lebensmittel fehlen, ist kritisch, weil sie schwere Entwicklungsstörungen verursachen kann. Kein Problem ist es, wenn Milch, Milchprodukte, Fisch und Eier auf dem Speiseplan stehen, allenfalls muss auf eine eventuelle Unterversorgung mit Eisen geachtet werden. Besonders eisenreich sind Vollkorngetreide (Roggen, Hirse, Hafer, Grünkern) und die Gemüsearten Spinat, Fenchel, Rosenkohl und Grünkohl. Getreide ist ein guter Fleischersatz. Gerade die Kombination mit Vitamin-C-haltigem Obst und Gemüse sorgt dafür, dass das Eisen aus dem Getreide besser aufgenommen und umgesetzt wird. Für Kleinkinder, die möglicherweise weniger Getreidegerichte essen (oder vertragen), kann ein mäßiger Fleischkonsum bis zu zweimal pro Woche das Risiko einer Eisen-Unterversorgung ausschalten.

Fisch

Fisch, besonders Seefisch, ist reich an Eiweiß und Jod. Kein anderes Lebensmittel liefert solche nennenswerten Mengen an Jod. Je nach Fettgehalt kommen noch fettlösliche Vitamine (A und D) und wertvolle Fettsäuren, Omega-3-Fettsäuren, hinzu. Außerdem ist Fisch leichter verdaulich als Fleisch. Deshalb sollte einmal pro Woche Seefisch auf dem Speiseplan stehen.

Jodlieferant

Fettarm ist z. B. Seelachs. Makrele, Lachs und Hering sind fettreich und enthalten reichlich Omega-3-Fettsäuren, die das Herz-Kreislaufsystem schützen.

Fisch wird u. a. frisch oder als Tiefkühlware angeboten. Achten Sie bei Tiefkühlware auf das MSC-Siegel (⸱⸱⸱⸱⸱⸱⸱> Seite 50). Der WWF-Deutschland bietet seinen WWF-Fischführer zum Download an (www.wwf.de).

Mein Kind liebt Fischstäbchen – ist das okay?

Entgegen der vielfach existierenden Meinung stecken in den goldbraunen Stäbchen weder Fischabfälle noch minderwertiger Fisch. Fischstäbchen werden meist aus Alaska-Seelachs oder Seelachs hergestellt. Die Panade macht allerdings im Schnitt ein gutes Drittel des Fischstäbchens aus. Sie saugt sich beim Braten mit Fett voll. Fünf Fischstäbchen aus der Pfanne bringen im Schnitt 17 Gramm Fett auf den Teller. Das sind fast 80 % der Fettmenge, die Kinder bei einer Hauptmahlzeit höchstens essen sollten. Weniger Fett enthalten Fischstäbchen, wenn sie im Ofen gebacken werden. Die Hülle ist dann jedoch weniger knusprig.

Das MSC-Siegel auf Fisch-Tiefkühlpackungen

 Das MSC-Siegel (Marine Stewardship Council) steht für eine umweltgerechte Fischerei, die die Fischbestände und die Meeresumwelt schont (www.msc.org).

Eier

2 bis 3 Eier pro Woche

Eier sind vor allem aufgrund des Eigelbs ein Nährstoffspeicher. Neben Fett, Vitamin D und Eisen enthalten sie das weniger wünschenswerte Cholesterin. Zwei bis drei Eier pro Wo. sind ausreichend. Sie können als Eierspeisen, z. B. Rührei oder Spiegelei, gereicht oder in Speisen wie Kuchen, Pfannkuchen oder Aufläufen verarbeitet werden. Wenn Sie rohe Eier verwenden, besteht die Gefahr einer Salmonelleninfektion. Je frischer das Ei, desto geringer die Chancen, dass sich die Salmonellen bereits vermehrt haben (→ Seite 106, „Die Hygiene: …").

Speisefette und Speiseöle

2 Portionen   Tagesmenge

1 Portion: 1 Esslöffel   Maßeinheit

Speisefette (Butter, Margarine) und Speiseöle sind wichtig für die Versorgung mit wichtigen Fettsäuren und Vitaminen. In erster Linie sind sie aber Energielieferanten. Daher gilt die Devise: Setzen Sie Speisefette grundsätzlich sparsam ein.

Als Streichfette kommen Butter oder ungehärtete Margarine in Frage. Bei der Fetthärtung gehen wertvolle mehrfach ungesättigte Fettsäuren verloren. Eine gehärtete Margarine erkennen Sie an einem entsprechenden Hinweis in der Zutatenliste, z. B.: „pflanzliche Fette, zum Teil gehärtet".
    Fürs Butterbrot

Zum Kochen und Backen können Sie ebenfalls Butter oder Margarine verwenden. Zum Kurzbraten eignen sich Pflanzenöle, u. a. Raps- und Olivenöl. Rapsöl ist besonders empfehlenswert, da es ein ausgewogenes Verhältnis wichtiger Fettsäuren aufweist. Ergänzt werden kann es mit Soja- und Walnussöl. Je nach Herstellungsverfahren (raffiniert oder kalt gepresst) eignen sich die Öle für die verschiedenen Zubereitungsarten. Kaltgepresste Öle werden hauptsächlich in der kalten Küche für Salate verwendet, raffinierte zum Backen und Braten.
    Kochen, Backen

Auch Sahne und Mayonnaise enthalten sehr viel Fett und sollten daher nur zum Verfeinern eingesetzt werden.

Süßigkeiten und Snacks

Tagesmenge **1 Portion**

Maßeinheit **eine Handvoll**

Naschen und Schlecken sind erlaubt, in kleinen Mengen und nicht ständig über den Tag verteilt. Einmal am Tag ist eine Portion der sogenannten „Extras" gestattet. Dazu zählen Kuchen, Süßigkeiten, fettreiches Kleingebäck wie Croissants und salzige Knabbereien wie Chips und Pommes frites, aber auch Süßgetränke wie Limonaden und Cola.

Da Süßes eine wichtige Rolle für Kinder spielt, haben wir diesem Thema einen eigenen Platz eingeräumt. Mehr dazu finden Sie ab Seite 72.

Eine schnelle Orientierung ermöglicht Ihnen die folgende Tabelle. Auf einen Blick finden Sie die empfehlenswerten Lebensmittelmengen.

Anhaltswerte für altersgemäße Verzehrsmengen

Alter (Jahre)		2–3	4–6	7–9	10–12	13–14 w	13–14 m
Gesamtenergie	kcal/Tag	1.100	1.450	1.800	2.150	2.200	2.700
reichlich							
Getränke	ml/Tag	700	800	900	1.000	1.200	1.300
Gemüse	g/Tag	150	200	220	250	260	300
Obst	g/Tag	150	200	220	250	260	300
Kartoffeln, Nudeln, Reis	g/Tag	140	180	220	270	270	330
Brot, Getreide(flocken)	g/Tag	120	170	200	250	250	300
mäßig							
Milch(produkte) [1]	ml (g)/Tag	330	350	400	420	425	450
Fleisch, Wurst	g/Tag	35	40	50	60	65	75
Eier	St./Wo.	1-2	2	2	2-3	2-3	2-3
Fisch	g/Wo.	35	50	75	90	100	100
sparsam							
Öl, Margarine, Butter	g/Tag	20	25	30	35	35	40
Süßwaren, Knabberartikel, gesüßte Getränke	max. kcal/Tag	110	150	180	220	220	270

w = weiblich, m = männlich, St. = Stück

1   *100 ml Milch entsprechen 15 g Schnittkäse oder 30 g Weichkäse*

Quelle: In Anlehnung an: „Empfehlungen für die Ernährung von Kindern und Jugendlichen", FKE, Dortmund 2008.

Essen und Trinken von früh bis spät

Genauso wichtig wie das Was und Wieviel ist beim Essen das Wann, sprich: die Verteilung der Mahlzeiten über den Tag. Der kindliche Stoffwechsel ist in der Regel vormittags am aktivsten und benötigt entsprechende Unterstützung durch die Nahrung. Die Faustregel für die Verteilung lautet: ein Drittel am Morgen und am Vormittag, ein Drittel mittags, der Rest am Nachmittag und Abend, dies entspricht fünf Mahlzeiten.

Die physiologische Leistungskurve (┈⯈ Grafik) sieht mit leichten Verschiebungen für alle Menschen ähnlich aus, auch wenn die individuellen Unterschiede schon beim Frühstück sichtbar werden. Für Langschläfer ist es noch viel zu früh für ein Frühstück, während die Frühaufsteher schon morgens voller Elan sind. In der Regel beginnt jedoch für die Kinder der Schulalltag und für die Eltern der Arbeitsalltag gegen acht Uhr morgens. Da heißt es, die Leistungskurve positiv durch eine optimale Ernährung zu beeinflussen. Wie das aussieht, erfahren Sie in diesem Kapitel. Grundsätzlich gilt: Mehrere kleine Mahlzeiten über den Tag verteilt belasten die Verdauung nicht so sehr, der Körper wird den ganzen Tag über gleichmäßig mit Nährstoffen versorgt, verbrauchte Energie wird zügig ersetzt, die Leistungsfähigkeit ist beständiger.

Leistungskurve

höchste Leistungsbereitschaft

Mittagstief

Erholungs- und Wiederherstellungsphase im Schlaf

Essen und Trinken mit Genuss

Gute Atmosphäre

Essen und Trinken heißt weitaus mehr, als Körper und Geist „Treibstoff" für ein gutes Funktionieren und In-Gang-Halten zuzuführen. Beides dient auch dem seelischen Wohlbefinden, wenn es schmeckt und in angenehmer Atmosphäre gegessen und getrunken wird. Die Mahlzeiten helfen dabei, dass die Familie zusammenkommt, an einem Tisch sitzt, sich unterhält und austauscht, das Beisammensein und das Essen genießt. Diese „Nebenwirkungen" sind für die Entwicklung des Kindes und seine Gesundheit sehr wichtig und sollten nicht unterschätzt werden. Aus organisatorischen Gründen, z. B. Schule und Berufstätigkeit, ist es oftmals nicht möglich, alle Mahlzeiten gemeinsam einzunehmen. Gut ist es sicherlich, wenn Sie sich auf eine gemeinsame Mahlzeit, beispielsweise Frühstück oder Abendessen, einigen.

Farbenfrohe Zubereitung und Deko

Kinder essen, was appetitlich und lecker aussieht. Eine farbenfrohe Zusammenstellung der Mahlzeiten mit bunten Früchten und Gemüsearten ist wichtig. Kinder finden kleine, lustige Dinge niedlich, wie kleine Kartoffeln, kleine Gemüsestückchen, Sternchen- oder Schraubennudeln. Ebenso gut kommt eine nette Dekoration mit Kräutern, Obst- und Gemüsestückchen auf „eintönigen" Speisen wie Suppen, Eintöpfen oder Soßen an. Und über den Tellerrand hinaus können nettes Geschirr, Sets, lustiger Tischschmuck und Blumen die Laune aufs Essen fördern.

Mein Kind mag nicht essen. Was kann ich tun?

Zwingen Sie Ihr Kind nicht zu essen, denn Essen soll Genuss sein und keine lästige Pflicht. Beobachten Sie Ihr Kind und registrieren Sie, wann und wie viel es isst – bei den Mahlzeiten und zwischendurch, ob es sich vielleicht zu wenig bewegt. Sprechen Sie mit ihm darüber, was es gar nicht oder anders lieber mag. Wenn Ihr Kind allerdings zusätzlich unkonzentriert ist oder abmagert, sollten Sie sich an Ihren Kinderarzt oder Ihre Kinderärztin wenden.

Essen und Trinken lernen

Beim Essen kann auch die Selbstständigkeit der Kinder gefördert werden. Ihre natürlichen Nach- und Mitmachbedürfnisse
sollten nicht unterdrückt werden. Lassen Sie Ihr Kind selbst
Kartoffeln, Gemüse oder Soße nehmen, umrühren, Kartoffeln
zerdrücken oder das Brot schmieren. Bereits kleine Kinder –
natürlich mit liebevoller und geduldiger Unterstützung der Eltern
und Geschwister – lernen, sich selbst zu bedienen.

Kinder beteiligen

Mit der Zeit kann das Kind auch am „Drumherum des Essens"
beteiligt werden – z. B. an der Zubereitung, am Tischdecken, am
Einkauf, am Einpflanzen, Pflegen und Ernten, wenn man einen
Garten hat. Entsprechende Angebote des Kindes sollten nicht
ausgeschlagen werden. Der „Mehraufwand" bei Ihnen zahlt sich
später durch eine größere Selbstständigkeit Ihres Kindes aus.

Die Mahlzeiten

Nutzen Sie gemeinsame Mahlzeiten als wichtige Gelegenheiten
für das Gespräch und den Austausch in der Familie. Sie fördern
die Esskultur und das soziale Miteinander. Selbst die schmack-
hafteste und gesündeste Speise kann nur mit Genuss gegessen werden, wenn die Atmosphäre stimmt. Ein ansprechend
gedeckter Tisch, ausreichend Zeit und Platz sowie das Einhalten
bestimmter Essregeln machen Ihre gemeinsamen Mahlzeiten zu
einem Erlebnis.

Mahlzeiten –
Treffpunkt für
die Familie

Das 1. Frühstück zu Hause

In vielen Familien ist das Frühstück ein „Stiefkind". Häufig wird morgens auf die Schnelle gefrühstückt. Manche essen gar nichts, weil sie nicht mögen oder zu spät aufgestanden sind. Die Kinder übernehmen oft das Verhalten ihrer Eltern und verlassen das Haus, ohne etwas gegessen und ein Pausenbrot für die Schule mitgenommen zu haben. Oder es kommen nur süße Frühstücks-Produkte wie Cornflakes, Smacks & Co. auf den Tisch (⸱⸱⸱⸱⸱⸱⸱⸱> Seite 84 ff., Brauchen Kinder eine Extrawurst?).

Geeignete Lebensmittel für das 1. Frühstück:
- Brot, Brötchen, Knäckebrot aus Vollkorn
- Butter oder Margarine
- Belag wie Quark, Käse, Aufschnitt
- Müsli (Rezept ⸱⸱⸱⸱⸱⸱⸱> Seite 136 ff.)
- Joghurt, Quark, Dickmilch, Milch oder Kakao
- Obst, z. B. Apfel, Banane, Birne, Mandarine
- Gemüserohkost
- Getränke wie Früchte- und Kräutertee, verdünnte Obst- und Gemüsesäfte, Trink- oder Mineralwasser

Das ideale Frühstück

Das ideale Frühstück besteht aus Vollkorngetreide, frischem Obst und Milchprodukten. Aus dieser Dreierkombination lassen sich so leckere Sachen zubereiten, dass ein Frühstücksmuffel zum Frühstücksfan werden kann.

Rechtzeitiges Schlafengehen am Abend und pünktliches Aufstehen sind wichtige Voraussetzungen, um in Ruhe frühstücken zu können. Alleine frühstücken macht bedeutend weniger Spaß. Kann die Familie nicht gemeinsam frühstücken, sollte zumindest ein Familienmitglied dem Kind Gesellschaft leisten. Am Wochenende kann das gemeinsame Sonntagsfrühstück als Familienereignis gefeiert werden.

Ein abwechslungsreiches Frühstück und ein freundlich gedeckter Tisch regen den Appetit an. Das Mithelfen beim Tischdecken oder Müslizubereiten fördert zusätzlich Spaß und Freude am Frühstück.

Viele Studien deuten darauf hin, dass Kinder, die frühstücken, in den Morgenstunden leistungsfähiger und reaktionsschneller sind und nicht so schnell ermüden.

Wie wichtig ist das Frühstück?

Sehr wichtig, denn durch die Nachtpause sind die Kohlenhydratspeicher der Leber ganz oder größtenteils erschöpft, doch die Gehirnzellen sind auf eine konstante Blutzuckerkonzentration angewiesen. Das erste Frühstück zu Hause und das zweite im Kindergarten oder in der Schule füllen diese „Löcher" wieder auf. Wenn Ihr Kind gleich nach dem Aufstehen kein üppiges Frühstück oder Müsli mag, sollte das Pausenbrot für Ausgleich sorgen und etwas gehaltvoller ausfallen. Achten Sie darauf, dass Ihr Kind nicht ganz ohne Frühstück aus dem Haus geht. Eine Kleinigkeit kann immer gegessen werden, z. B. ein kleines Brot mit Quark oder Käse, ein Stück Obst, eine Tasse Milch oder Kakao.

Was ist so gesund an Nuss-Nougat-Creme?

Nichts! Nuss-Nougat-Creme enthält viel Zucker und Fett und nur wenig Eiweiß und Vitamine. Deshalb kann sie nicht als wertvoll angesehen werden und sollte nicht täglich aufs Butterbrot kommen. Gesündere Kompromisse sind z. B. Konfitüre auf dem Quarkbrot, Weintrauben oder Apfelscheiben zum Käsebrot. Ein Rezept für eine selbst hergestellte Nuss-Nougat-Creme finden Sie auf Seite 136.

Das 2. Frühstück in Kindergarten oder Schule

Auch das Pausenfrühstück liegt oft im Argen. Statt was „Gescheites zum Essen" gibt's häufig Geld, für das sich viele Kinder auf dem Schulweg oder am Schulkiosk Süßigkeiten, Limonade, Gebäck oder Ähnliches kaufen (müssen).

Neue Energie durchs Pausenfrühstück

Die beim ersten Frühstück aufgenommenen Kohlenhydrate reichen nicht aus, um bis zum Mittag für genügend geistige Konzentration und körperliche Aktivität zu sorgen. Das Pausenfrühstück in Kindergarten und Schule ist die Brücke und liefert neue Energie für die zweite Vormittagshälfte.

Je kleiner das erste Frühstück war, desto größer sollte das Pausenfrühstück ausfallen. Wichtig ist, dass auch diese Mahlzeit appetitlich zubereitet und entsprechend verpackt ist. Je nach Situation kann man das Auspacken zu einer täglichen Überraschung gestalten oder vorher mit dem Kind absprechen, was es gerne mitnehmen möchte.

Geeignete Lebensmittel für das Pausenbrot:
- Vollkornbrot oder Vollkornbrötchen
- Butter oder Margarine
- Belag wie Käse und Aufschnitt
- Gemüsestücke von Möhren, Tomaten, Paprika, Radieschen, Gurken
- Obst wie Apfel, Birne, Apfelsine, Mandarine, Banane, Weintrauben
- Joghurt- und Quarkspeisen, Milch oder Kakao
- Getränke wie Trink- oder Mineralwasser, Früchte- oder Kräutertee, verdünnte Obst- und Gemüsesäfte.

Geeignete Verpackungen für das Pausenbrot und die Getränke sind Frühstücksdosen, Flaschen oder Becher aus Kunststoff, die man gut verschließen und wieder verwenden kann. Individuell mit Namen oder Bildchen versehen, wird für ein Kind aus einer Dose oder Flasche „meine Dose" und „meine Flasche".

Das Mittagessen

Kinder, die keine Ganztageseinrichtung besuchen, kommen hungrig nach Hause – falls sie auf dem Heimweg nicht Süßigkeiten, Kekse oder anderes genascht haben. Ein warmes und abwechslungsreiches Mittagessen, das nach einer kleinen Entspannungspause mit der Familie eingenommen wird, wäre dann optimal. Ist das nicht möglich, können je nach Familiengröße, Tagesablauf und Geräteausstattung vorgekochte Gerichte in passenden Portionen aufgewärmt werden, z. B. in der Mikrowelle. Oder es steht eine kleine Mahlzeit wie Milchreis, Quarkspeise, Getreidebratlinge bereit und die warme Mahlzeit wird auf den Abend verlegt.

In der Regel die warme Mahlzeit am Tag

Ein vollwertiges Mittagessen besteht aus:

- Kartoffeln, Nudeln, Getreide oder Hülsenfrüchten (täglich)
- Gemüse oder Salat (täglich)
- Fleisch (zwei- bis dreimal pro Woche) oder Fisch (einmal pro Woche) oder Ei
- Fett (für die Zubereitung)
- Getränken wie Trink- oder Mineralwasser, verdünnten Fruchtsäften (1 Teil Saft und 3 Teile Wasser).

Fleisch ist somit nicht täglich auf dem Speiseplan. Die vegetarischen Hauptgerichte werden auf der Basis von Getreide, Hülsenfrüchten und Kartoffeln zubereitet. Im Rezeptteil finden Sie viele Vorschläge. Hin und wieder kann es auch einmal ein süßes Hauptgericht sein, zu dem Sie als Vorspeise eine Gemüserohkost reichen.

Nachtisch   Ein Nachtisch muss nicht sein, Kinder können sich an Herzhaftem satt essen. Er kann aber durchaus den Genuss des Mittagessens erhöhen oder eine Zwischenmahlzeit am Nachmittag sein. Wichtig ist, dem Kind zum Essen auch ein Getränk anzubieten.

An warmen Sommertagen oder wenn der Hunger mal nicht so groß ist, können Speisen aus Obst und Milchprodukten das Mittagessen ersetzen.

So kann ein Wochenspeiseplan für die warme Mahlzeit aussehen

Wochentag	Menü	Rezept
Montag	Grünkernbraten mit Tomatensoße Brokkoli Pellkartoffeln	····⟩ Seite 162
Dienstag	Gulasch mit Gemüse Naturreis Tomatensalat	····⟩ Seite 192
Mittwoch	Kidneybohnen-Eintopf Weizenbrötchen	····⟩ Seite 163 ····⟩ Seite 131
Donnerstag	Bunter Nudelauflauf Möhren-Apfel-Rohkost	····⟩ Seite 154 ····⟩ Seite 141
Freitag	Schlemmerfilet Backofenkartoffeln Kopfsalat	····⟩ Seite 189 ····⟩ Seite 165
Samstag	Bunter Risotto Eisbergsalat Vanillequark mit Kirschen	····⟩ Seite 158 ····⟩ Seite 140 ····⟩ Seite 200
Sonntag	Geflügel-Gemüse-Pfanne Vollkornnudeln Gurkensalat	····⟩ Seite 191

Sind Fertiggerichte für Kinder geeignet?

Bedingt! Mahlzeiten aus frischen Zutaten sind natürlich am besten. Fehlt aber mal die Zeit für die Zubereitung, kann ein Fertiggericht, das reichlich Kartoffeln, Nudeln oder Reis und wenig Fleisch, Milch, Ei oder Käse enthält, eine Lösung sein. Frische Zutaten wie z. B. Gemüse tragen zur Aufwertung bei. Auch der Ersatz von Sahne durch Milch oder Crème fraîche durch saure Sahne erhöht den Wert solcher Gerichte.
Wichtig: Fertiggerichte sollten die Ausnahme bleiben.
Und – schauen Sie auf die Zutatenliste!

Vitamintabletten – eine Garantie für bessere Schulnoten?

Vitamintabletten verbessern keine Schulnoten! Auch wenn das die Werbung, z. B. im Fernsehen und in Zeitungen verspricht. Die angebotenen Brausetabletten & Co. orientieren sich selten an den Problemnährstoffen. In Deutschland leidet kein halbwegs normal essendes Kind an einem Vitamin-C- oder Vitamin-B-Mangel, und doch werden diese Vitamine besonders häufig angeboten. Kinder, die in der Schule fit sein wollen, brauchen ausreichend Schlaf und Bewegung und vollwertiges Essen und Trinken nach der Ernährungspyramide. Das reicht vollkommen aus.

 ### Ist das Aufwärmen von Essen in der Mikrowelle für Kinder gefährlich?

Nein! Richtig eingesetzt, also vor allem für kleinere Portionen verwendet, hilft das Aufwärmen in der Mikrowelle, Zeit und Geld zu sparen. Mit einer solchen Portion eines vorgekochten Gerichts ist Ihr Kind jedenfalls besser versorgt als mit frisch zubereiteten Pommes aus dem nächsten Imbiss.

 ### Ist scharfes und stark gewürztes Essen für Kinder schädlich?

In der Regel nicht, es kann aber schneller den Geschmack „verderben". Beobachten Sie Ihr Kind, wie es auf Gewürze reagiert. Da Kinder ein viel intensiveres Geschmacksempfinden als Erwachsene haben, kann es durchaus passieren, dass sie Scharfes und bestimmte Gewürze gar nicht mögen.

Dürfen Kinder beim Essen auch trinken?

Ja, und Erwachsene auch. Trinken zu den Mahlzeiten fördert eine regelmäßige und gesicherte Flüssigkeitszufuhr. Deshalb sollte zu jeder Mahlzeit auch ein Getränk gegeben werden. Wichtig ist aber, geeignete Getränke auszuwählen (⋯⋯⟩ Seite 33 ff.).

Sollten Kinder täglich etwas Warmes essen?

Nach Möglichkeit ja. Denn der Speisezettel wird automatisch abwechslungsreicher, wenn gekocht wird. Außerdem müssen viele nährstoffreiche Lebensmittel gegart werden, wie Reis oder Hülsenfrüchte, oder sind gegart verdaulicher, wie Kartoffeln. Die warme Mahlzeit muss aber nicht unbedingt die Mittagsmahlzeit sein. Sie kann auf den Abend verlegt werden, wenn Sie z. B. berufstätig sind oder die Kinder zu unterschiedlichen Zeiten aus der Schule kommen.

Sind Lebensmittel mit Alkohol für Kinder schädlich?

Auf Dauer ja! Gegen Alkohol im Essen sprechen zwei wichtige Gründe: Kinder reagieren wegen ihres geringeren Körpergewichts wesentlich stärker als Erwachsene auf Alkohol und ihre Leber muss sehr viel mehr „Verdauungsarbeit" leisten. Außerdem können sich Kinder, auch wenn der Alkohol sich zum Teil beim Kochen, Braten oder Backen verflüchtigt, an den Geschmack gewöhnen und später u. U. leichter auf diesen kommen.

Die Zwischenmahlzeit am Nachmittag

Die Zwischenmahlzeit am Nachmittag hat die gleiche Bedeutung wie das zweite Frühstück oder das Pausenbrot. Einem Konzentrations- und Leistungsabfall bei den Hausaufgaben, diversen Hobbys oder Spiel und Sport soll vorgebeugt werden. Gern werden nachmittags Süßigkeiten wie Bonbons, Gummibärchen, Schokolade oder Plätzchen genascht. Durch den hohen Zucker- und Fettgehalt sind diese eher „Fett"- als Fitmacher, keine geeigneten Zwischenmahlzeiten und füllen deshalb die kleine Spitze der Ernährungspyramide.

Die ideale Zwischenmahlzeit am Nachmittag besteht aus:

- Milch und Milchprodukten
- Vollkornbrot/-knäcke, Vollkorngebäck
- Obst oder Gemüserohkost
- Getränken.

Das Verlangen nach Süßem kann durch Obst, Trockenfrüchte, Studentenfutter, fruchtige Quarkspeisen oder Vollkornkuchen und Vollkorngebäck gestillt werden. Manche Kinder vespern auch gerne ein kräftiges Brot oder knabbern rohes Gemüse. Hin und wieder sind auch Süßigkeiten und Knabberartikel erlaubt.

Passende
Knabbereien

Vorschläge für die Zwischenmahlzeit am Nachmittag:

- Bunter Obstteller oder Rohkostteller
- Joghurt- oder Quarkspeise mit frischem Obst der Jahreszeit
- Nüsse und Trockenfrüchte, wie Studentenfutter zusammengestellt
- Vollkornkuchen oder Vollkorngebäck
- Vollkornknäcke oder -zwieback mit Kräuterquark, Käse oder einem süßen Brotaufstrich, z. B. Honig, Konfitüre
- Getränke wie Trink- oder Mineralwasser, Kräuter- oder Früchtetee, verdünnte Fruchtsäfte, Gemüsesaft.

Zahlreiche Anregungen für alle Mahlzeiten finden Sie im Rezeptteil ab Seite 114.

Das Abendessen

Ob kalt oder warm – das Abendessen sollte nicht zu spät eingenommen werden und leicht verdaulich sein, damit man nicht mit vollem Magen ins Bett geht.

Der Begriff „Abendbrot" muss nicht wörtlich genommen werden. Immer nur belegte Brote am Abend – das wird bald langweilig. Ein kleiner Salat oder Rohkostteller, Dips, Getreidebratlinge und verschiedene Vollkornbackwaren sorgen für Abwechslung.

Brot am Abend
muss nicht sein

Ein ideales Abendessen besteht aus:

- Milch und Milchprodukten
- Gemüse(-rohkost)
- Vollkornbrot oder Getreidezubereitungen
- Belag: Käse, Wurst
- Butter oder Margarine
- Getränken.

Vorschläge für ein Abendessen:

- Vollkornbrot mit Frischkäse oder Kräuterquark,
  dazu z. B. Tomaten, Gurken, Paprikastreifen
- Vollkornbrot mit Käse, dazu ein Rohkostsalat
- Knusperwaffeln (····⟩ Seite 203) mit Gurken-Kräuter-Soße
- Grünkernbraten mit Tomatensoße (····⟩ Seite 162)
- Getränke wie Trink- oder Mineralwasser, Kräuter- oder Früchtetee, verdünnte Fruchtsäfte (1 Teil Saft und 3 Teile Wasser).

Betthupferl Sollte sich vor dem Schlafengehen noch einmal der Hunger
bemerkbar machen, hilft ein Stück Obst, rohes Gemüse oder
Knäckebrot.

Die Mahlzeiten auf einen Blick

Nachfolgend finden Sie drei Beispiele für die vollwertige Ausrichtung der Mahlzeiten für eine Familie über jeweils einen ganzen Tag hinweg. Die Vorschläge für das Mittag- und das Abendessen können Sie nach Belieben tauschen.

Mahlzeit	1. Tag	2. Tag	3. Tag
Frühstück	Müsli* mit Joghurt, frischem Obst und Nüssen Kräutertee	Vollkornbrot * mit Quark und Konfitüre Früchtetee	Knuspermüsli* Joghurt Obst Früchtetee
2. Frühstück/ Pausenfrüh- stück	Vollkornbrot* mit Butter und Käse Kohlrabischeiben Schulmilch Trink- oder Mineral- wasser	Weizenbrötchen* mit Butter und Schinken Tomaten- und Gurkenscheiben Apfelschorle	Vollkornbrot, z. B. Blitzbrot* Frischkäse 1 Mandarine Schulmilch Trink- oder Mineral- wasser
Mittagessen	Bunter Nudelauf- lauf* Trink- oder Mineral- wasser	Möhren-Apfel- Rohkost* Grünkernbraten* mit Tomatensoße Trink- oder Mineral- wasser	Kartoffel-Gemüse- puffer* Rohkostplatte* Trink- oder Mineral- wasser
Zwischen- mahlzeit	Knäckebrot mit Konfitüre Orangensaftschorle	Obstkuchen* 1 Glas Milch	Rosinenbrötchen* mit Butter Apfelsaftschorle
Abendessen	Vollkornbrot* mit Kräuterquark* Möhren, Gurke, Paprika Früchtetee	Zaziki* Pellkartoffeln* Salat Kräutertee	Möhren-Kräuter- Tarte* Radieschen Kräuterquark* Früchtetee

* Die Rezepte dazu finden Sie im Rezeptteil (⇢ Seite 114 ff.)

Mahlzeiten in Kita und Schule

Immer mehr Kinder verbringen viele Stunden des Tages in Kindertageseinrichtungen und in Ganztagsschulen. Gemeinsam nehmen sie dort das Pausenfrühstück, das Mittagessen und auch die Zwischenmahlzeit am Nachmittag ein. Gleichzeitig lernen und erleben die Kinder Esskultur, Tischsitten und Rücksichtnahme und haben die Chance, ihnen unbekannte neue Lebensmittel kennen zu lernen. Neuartige Geschmackserlebnisse werden vermittelt. Wenn sie dort leckere und gesunde Mahlzeiten erhalten und in angenehmer Atmosphäre essen können, leisten diese Einrichtungen einen wichtigen Beitrag zur Entwicklung eines gesundheitsfördernden Essverhaltens.

Gesundes Essverhalten durch Ausprobieren

Doch nicht immer werden ausgewogene Mahlzeiten angeboten und die Esskultur bleibt auf der Strecke. Als Eltern können Sie sich gemeinsam mit Erzieher/innen, Lehrer/innen und Betreuer/innen für ein optimales Speisenangebot stark machen. Schauen

Sie doch einmal auf die Teller Ihrer Kinder! Schmecken den Kindern die angebotenen Mahlzeiten? Erfüllen die Mahlzeiten die Qualitätsstandards der Deutschen Gesellschaft für Ernährung (DGE) für die Kita- und Schulverpflegung? Gibt es in den Einrichtungen verantwortliche Personen oder Gruppen, mit denen Sie die Verpflegung gegebenenfalls verbessern können?

Qualität des Angebots

Hier einige Anregungen:
- Machen Sie Ernährung zum Thema von Elternversammlungen.
- Nutzen Sie die Elternvertretungen (Elternrat und Schulpflegschaft) für Ihr Anliegen.
- Tragen Sie Ihre Wünsche den Trägern von Kita und Schule vor.
- Organisieren Sie „Ernährungsaktionen" in Kita und Schule, z. B. ein Frühstücksbüfett, Kochen mit den Eltern, Informationsveranstaltungen mit Ernährungsfachkräften.
- Regen Sie eine Positiv-Liste mit Lebensmitteln und Getränken an, die die Kinder mitbekommen, z. B. frisches Obst, Gemüsesticks, Brot, Apfelschorle.

Solange die Verpflegung nicht optimal ist, sollten Sie zuhause für einen Ausgleich sorgen.
- Ergänzen Sie mit Obst und Gemüserohkost sowie Milchprodukten.
- Bieten Sie Brot, Nudeln und Reis in der Vollkornvariante an.
- Reduzieren Sie Fleisch und Wurst bei den Mahlzeiten.
- Verwenden Sie sparsam Fett für die Zubereitung.

Informationen zu den Qualitätsstandards der DGE finden Sie unter:
- www.fitkid-inform.de (für Kitas)
- www.schuleplusessen.de (für Schulen)

Macht Zucker das Leben „süß"?

Zweifellos ist „süß" von Natur aus ein angenehmer Geschmack und spiegelt sich einhellig
freundlicher im Mienenspiel von Mensch und
Tier wider als Dinge, die salzig, sauer oder bit-
ter schmecken. Wird dieser Geschmacksvorliebe
ständig nachgegeben, steigt die Reizschwelle für
Süßes immer höher. „Immer süßer, immer mehr"
wird die Devise. Der Weg dahin wird eingeleitet,
wenn ein Kind mit süßer Babynahrung gefüttert
wird.

Ein positiver Wert, den Süßes verkörpert, ist eher menschen-
gemacht. Süßes ist Erziehungsmittel, Belohnung für gute
Leistungen und fürs Liebsein, außerdem „Pflaster" bei Kummer,
Schmerz, Ärger und Schwierigkeiten.

Die Süßwarenindustrie baut mit ihrer Werbung darauf auf und
verbindet Süßes mit Liebe, Glück, Zuneigung, Verständnis,
Leichtigkeit. Wie sollen Kinder und Eltern diesen süßen Verlo-
ckungen und Vorbildern widerstehen?

Die Kehrseite süßer „Nahrung" ist bekannt, wird aber gerne
übersehen. Wir drehen sie an dieser Stelle bewusst nach vorn.
Dabei wollen wir nicht die „Lust auf Süßes" vermiesen, sondern
dazu beitragen, Süßes auch langfristig ohne Reue zu genießen.

Zucker-„Weisheiten"

„Zucker macht das Leben süß."

„Wenn der Körper nach Süßem verlangt,
dann braucht er es auch."

„Kinder brauchen Süßes."

Was von diesen oder ähnlich lautenden Aussagen zu halten
ist, erfahren Sie auf den nächsten Seiten.

Zucker macht das Leben süß, aber ...

... fördert Karies

Karies entsteht durch ein Zusammenspiel vieler verschiedener
Faktoren. Zu den wichtigsten zählen zuckerhaltige Lebensmittel,
Bakterien der Mundhöhle und die Zahnpflege. Eine gute Zahn-
pflege – Zähneputzen nach jeder zuckerhaltigen Mahlzeit – kann
die Bildung von Ablagerungen (= Plaque) verhindern und so
Karies vermeiden.

Zucker schädigt die Zähne

Besonders schlecht für die Zähne sind klebrige Süßigkeiten, zuckerhaltige Getränke und häufiges Lutschen von zuckerhaltigen Bonbons. Normaler Haushaltszucker (= Saccharose) hat die größte Bedeutung bei der Entstehung von Karies. Die für die Karies verantwortlichen Bakterien mögen ihn besonders gerne und er wird am häufigsten verzehrt. Aber auch Traubenzucker, Fruchtzucker, Milchzucker, Glukosesirup, Honig, brauner Zucker, Apfel- und Birnendicksaft oder Ahornsirup wirken kariogen.

Besser als das Naschen zwischendurch ist es, etwas Süßes nach der Hauptmahlzeit zu essen und anschließend die Zähne zu putzen.

... macht dick

Süßigkeiten enthalten neben Zucker oft auch Fett

Zucker und Süßigkeiten können Übergewicht fördern, wenn sie einen hohen Anteil der täglichen Nahrung ausmachen. Die Energiezufuhr übersteigt dann den eigentlichen Bedarf. Süßigkeiten zählen generell zu den energiereichen Lebensmitteln, da sie neben viel Zucker oft auch beträchtliche Mengen an Fett enthalten. Bei der Entstehung von Übergewicht spielt neben einem hohen Süßigkeitenkonsum die körperliche Bewegung eine große Rolle. Übergewicht kann sich verstärken, wenn hohe Energieaufnahme und mangelnde Bewegung zusammenkommen.

Einige Beispiele für „Dickmacher":
- 1 Schokokuss (20 g)   =   90 kcal
- 1 Schokoriegel (60 g)   = 275 kcal
- 100 g Gummibärchen   = 330 kcal
- 1 Riegel Schokolade (ca. 15 g)   =   90 kcal
- 1 Glas Limo (0,2 l)   =   80 kcal
- 1 Glas Fruchtsaftgetränk (0,2 l)   =   90 kcal

Braucht der Körper Süßes?

Grundsätzlich brauchen weder Kinder noch Erwachsene Zucker. Den Zucker, den Körperzellen und Gehirn zur Energiegewinnung und für Abläufe im Stoffwechsel benötigen, produziert der Körper selbst, indem er Kohlenhydrate, die als Stärke in Vollkornprodukten, Kartoffeln, Hülsenfrüchten, Gemüse und als Fruchtzucker im Obst enthalten sind, abbaut. Die Verdauung dieser Lebensmittel erfolgt langsam, so dass der Zucker nach und nach an das Blut abgegeben wird. Reiner Zucker dagegen, wie er in Süßigkeiten, süßen Speisen und Getränken enthalten ist, wird schnell verdaut und gelangt überfallartig ins Blut. Um den Zucker schnell aus dem Blut in die Körperzelle zu transportieren, setzt der Körper große Mengen des Hormons Insulin frei. Der Zuckerspiegel fällt rapide ab, die Reaktion des Körpers darauf ist Heißhunger auf Süßes. Wird wieder „Süßes" gegessen, kommt es zur erneuten Insulinausschüttung und der Teufelskreis beginnt von neuem.

Der Körper produziert seinen Zucker selbst

Stimmt es, dass Süßhunger angeboren ist?

Jein! Man kann in gewissem Maß schon von einer angeborenen Schwäche für Süßes ausgehen, denn Fruchtwasser und Muttermilch sind leicht süß. Die spätere „Lust auf Süßes" entwickelt sich aber erst dadurch, dass süße Babykost, süßer Tee, süße Kekse usw. diese natürliche Neigung ständig mitfüttern. Es geht auch ohne Zucker in der Babyernährung. Das zeigen Länder, die ohne Zucker auskommen.
Der Vollständigkeit halber wollen wir noch betonen, dass es hier nicht um den Heißhunger geht, der uns ab und zu überfällt und in der Regel andere Gründe hat, sondern um den „chronischen" Süßhunger.

Wo Zucker überall drinsteckt

Der gebräuchlichste Zucker bei uns ist der übliche Weißzucker – auch Haushaltszucker, Fabrikzucker oder Saccharose genannt. Er wird fast ausschließlich aus Zuckerrüben gewonnen. Zucker enthält keine Vitamine, keine Ballaststoffe und nur Spuren an Mineralstoffen, aber ca. 400 kcal in 100 g. Daher stammt der Ausdruck, Zucker enthält „leere Kalorien".

Durchschnittlicher Zuckerverzehr: 31 Zuckerwürfel pro Tag

Jeder Deutsche vernascht im Jahr rund 34 kg Zucker, umgerechnet sind das dreieinhalb Putzeimer voll bzw. 93 g pro Tag, was einer Menge von 31 Zuckerwürfeln entspricht. Aufs Jahr umgerechnet sind das rund 140.000 Kalorien in Form von Zucker, pro Tag immerhin noch etwa 380 Kalorien. Den größten Teil – mehr als 80 % des Zuckers – nehmen wir versteckt über Getränke, Süßigkeiten, Backwaren, Eis, Milchprodukte oder Marmeladen zu uns. Bekommen Sie Lust aufs Rechnen, wo Sie und Ihre Kinder mengenmäßig liegen? Wer auf verpackten Waren Zucker in der Zutatenliste aufgeführt findet, kann sich darauf einen eigenen Reim machen: Wenn Zucker oben aufgeführt ist, ist viel drin, wenn er weiter unten aufgeführt ist, wenig.

Neben dem normalen Haushaltszucker (= Saccharose) gibt es noch viele „Zuckergeschwister":

- Glucose   =   Traubenzucker
- Glucosesirup   =   Traubenzucker und Wasser
- Fructosesirup   =   Fruchtzucker und Wasser
- Dextrose   =   Traubenzucker
- Invertzucker   =   Trauben- und Fruchtzucker
- Maltose   =   Malzzucker
- Fructose   =   Fruchtzucker
- Lactose   =   Milchzucker

Häufig werden bei Süßigkeiten neben dem herkömmlichen Zucker auch andere Zuckerarten zugesetzt. Dadurch kann der Gesamtzuckergehalt regelrecht nach oben schnellen. Ein kritischer Blick auf die Zutatenliste lohnt sich also.

Wo sich Zucker versteckt

Produkt	Gramm (g)/ Liter (l)	Zuckeranteil in Zuckerwürfel
1 Tüte Gummibärchen	200 g	52
5 Gummibärchen	10 g	2,5
1 Esslöffel Ketchup	20 g	1
1 Kinderjoghurt	125 g	7
1 Kinderquark	50 g	2,5
1 Riegel Kinderschokolade	12,5 g	2
1 Schokoriegel	54 g	10
1 Schokoriegel, mini	20 g	3,5
2 Teelöffel Nuss-Nougat-Creme	20 g	4
1 Schokokuss	20 g	3
1 Portion Frühstückscerealien (Kinder)	50 g	5,5
1 Glas Limonade	0,2 l	7
1 Glas Cola	0,2 l	7
1 Glas Erdbeermilch	0,2 l	8

1 Zuckerwürfel = 3 g

Alternativen zu Süßigkeiten und Zucker

Süßigkeitenersatz

Gute Alternativen zu Süßigkeiten sind frisches Obst, Trockenfrüchte, Nüsse, Studentenfutter oder zwischendurch etwas Ausgefalleneres wie Ananas, Melonen oder Feigen.

Kalorienfreie Alternativen sind Luftballons, kleine Autos, Haarspangen oder -schleifen, Buntstifte, kleine Sammelobjekte wie Sticker, Briefmarken, Döschen, kleine Bücher oder ein Kinogutschein. Sie eignen sich besonders als Geschenk, Mitbringsel, für die Schultüte oder den Nikolausteller.

Zeit statt Zucker Und die kostbarste Alternative: Zeit schenken für gemeinsame Unternehmungen: ein Besuch im Zoo, Schwimmen, Schwebebahn fahren, eine Hafenrundfahrt, eine Radtour, Vorlesen, Geschichten erzählen, mit der ganzen Familie Gesellschaftsspiele spielen oder miteinander toben und schmusen.

Zuckerersatz

Als Ersatz für Zucker werden „natürliche Süßungsmittel", Zuckeraustauschstoffe, Fruchtzucker und Süßstoffe bezeichnet.

„Natürliche Süßungsmittel" **Brauner Zucker, Ahornsirup, Zuckerrübensirup, Agaven-, Apfel- und Birnendicksaft** hören sich zwar alternativ und gesund an und sind teilweise auch weniger stark verarbeitet als normaler Haushaltszucker, haben aber die gleichen negativen Auswirkungen.

Honig hat den Vorteil, naturbelassen zu sein. Für die Zähne ist Honig aber ebenso schädlich wie Zucker, da er durch seine Klebrigkeit besonders gut haftet.

Zuckeraustauschstoffe, z. B. **Sorbit, Lactit, Mannit, Isomalt, Xylit und Maltit,** sind nicht kalorienfrei und bewirken alle ab einer bestimmten Verzehrmenge Durchfall, wobei Kinder wesentlich empfindlicher als Erwachsene reagieren. Sorbit und Mannit sind schwach kariogen, während Lactit, Maltit und Isomalt als zahnfreundlich gepriesen werden. Xylit ist absolut zahnfreundlich. Wenn Sie ein Produkt mit der Kennzeichnung „ohne Zucker" reizt, z. B. bei Kaugummis, Bonbons und anderen Süßwaren, dann finden Sie häufig in der Zutatenliste einen Zuckeraustauschstoff aufgeführt – oder einen Süßstoff.

Fruchtzucker (Fructose) sorgt in vielen Früchten auf natürliche Weise für Süße. In der Lebensmittelindustrie wird immer häufiger Fruchtzucker und Fructosesirup anstelle von Zucker verwendet. Doch der menschliche Verdauungsapparat ist für größere Mengen Fruchtzucker nicht geschaffen. Ein übermäßiger Genuss kann Magenschmerzen und Durchfall auslösen. Für gesunde Erwachsene und Kinder können mehr als 35 Gramm Fruchtzucker pro Mahlzeit – die etwa in zwei Gläsern Apfelsaft stecken – schon zu viel sein.

Hinter Bezeichnungen auf der Verpackung wie „weniger süß", „weniger Zucker", „ohne Kristallzucker" oder „Traubenfruchtsüße" verbirgt sich oft ein hoher Fruchtzuckeranteil. Auch Milchprodukte, Mineralwasser mit Fruchtgeschmack, Wellness- und Diät-Erfrischungsgetränke können Fruchtzucker enthalten.

Obst statt Fruchtzucker

Zwei bis drei Portionen Obst pro Tag sind gesund und führen bei Gesunden zu keinerlei Beschwerden. Eine Portion davon kann ein Glas Obstsaft sein. Die Fruchtzuckeraufnahme darüber hinaus sollte möglichst gering sein. Achten Sie bei der Zutatenliste auf Begriffe wie Fruchtzucker, Fructose-Glukose-Sirup und Fructose.

Süßstoffe Als Süßstoffe sind zugelassen: **Cyclamat, Saccharin, Aspartam, Acesulfam-K, Aspartam-Acesulfam-Salz, Thaumatin, Sucralose, Neohesperidin und Neotom*.**
Sie liefern wenige bis keine Kalorien. Häufig sind Mischungen verschiedener Süßstoffe in Lebensmitteln zu finden.

ADI-Werte Die Europäische Behörde für Lebensmittelsicherheit (EFSA) und die Weltgesundheitsorganisation (WHO) haben für Süßstoffe sogenannte ADI-Werte festgelegt, die in Milligramm pro Kilogramm Körpergewicht angegeben werden. Kinder sind im Vergleich zu uns Erwachsenen Leichtgewichte. Sie können die ADI-Werte vor allem im Sommer sehr rasch erreichen, wenn sie mit Süßstoff gesüßte Getränke trinken.

Als ADI-Werte gibt es immer nur für einen einzelnen Stoff und nicht für Süßstoffgemische. In der Regel werden aber Süßstoff-Mischungen eingesetzt.

ADI

Die Abkürzung ADI steht für „acceptable daily intake" und heißt übersetzt „duldbare tägliche Aufnahme".
Der ADI-Wert gibt die Menge eines Stoffes an, die täglich und über die gesamte Lebenszeit gegessen werden kann, ohne dass hierdurch gesundheitliche Gefahren zu erwarten wären. Näheres zum ADI-Wert können Sie nachlesen unter www.zusatzstoffe-online.de.

Lebensmittel, die mit Süßstoffen und/oder Zuckeraustauschstoffen gesüßt sind, gehören nicht zu den empfehlenswerten Lebensmitteln in der Ernährung von Kindern. Sie sind keine Alternative zu Zucker und sollten, wenn überhaupt, nur in Ausnahmefällen verwendet werden. Kinder erreichen aufgrund ihres geringen Körpergewichts schneller die als schädlich eingestuften Mengen der Süßstoffe. Auch wenn sie teilweise energiefrei

* Stevioglycoside, die süßenden Stoffe aus den Blättern der Steviapflanze werden wahrscheinlich Ende 2011, Anfang 2012 EU-weit zugelassen.

bzw. nicht oder weniger kariesfördernd sind, wird die Vorliebe für die Geschmacksrichtung „süß" dadurch nicht geringer.

Ist Traubenzucker für Kinder besonders gesund?

Nein, Traubenzucker bietet für Kinder keine Vorteile und für Erwachsene auch nicht. Seine Eigenschaft, dass er schnelle Energie liefert, weil er schnell ins Blut gelangt, kann bei sportlichen Höchstleistungen von Nutzen sein. Für Schule und Spielen ist Traubenzucker keine sinnvolle Unterstützung, sondern wie anderer Zucker auch nur ein Lieferant „leerer" Kalorien.

Sind Müsliriegel eine gesunde Alternative zu Schokoriegeln?

Nein, weil auch ein Müsliriegel eine Süßigkeit ist. Ein Müsliriegel enthält ca. 30 % Zucker, egal, ob Trauben-, Frucht-, Malz- oder Haushaltszucker, ob Honig oder Sirup. Und der Ballaststoffgehalt aus den Getreideflocken, Nüssen und dem Trockenobst ist auch nicht so hoch, wie uns die Werbung einflüstert. Müsliriegel mögen das Gewissen beruhigen, Gift für die Zähne sind sie allemal. Unsere Devise: regelmäßig ein Flocken-Müsli mit frischem Obst und ab und zu richtige Schokolade.

Wie viel Süßes ist erlaubt?

Kleine Mengen Zucker sind kein Problem, wenn Essen und Getränke ansonsten ausgewogen sind. Als Orientierung für einen maßvollen Umgang mit Süßigkeiten können Sie etwa 10 % der täglichen Energie in Form von Zucker und Süßigkeiten als Richtwert zugrunde legen. Das sind etwa 150 bis 200 kcal pro Tag, also entweder 9 Bonbons oder 30 g Schokolade oder 50 g Lakritze oder 40 g Butterkekse oder 30 g Nuss-Nougat-Creme oder zwei Gläser Cola bzw. Limonade (0,2 l).

150 bis 200 kcal pro Tag

Umgang mit Süßigkeiten

Verbieten Sie Süßigkeiten nicht grundsätzlich. Zum einen haben verbotene Sachen bekanntlich immer einen besonderen Reiz, zum anderen lässt sich ein Verbot auch gar nicht durchhalten: Spätestens mit den Kontakten außer Haus, zu Nachbarn, Freunden, Freundinnen und Verwandten, nutzen Kinder die Gelegenheit, Süßigkeiten zu ergattern und stopfen sich dann u. U. regelrecht damit voll. Außerdem werden Süßigkeiten vom Taschengeld heimlich gekauft. Erfolg versprechender ist es, bewusst mit Süßem umzugehen und das Angenehme mit dem Nützlichen zu verbinden: Frisches Obst, Nüsse, Studentenfutter, Trockenfrüchte befriedigen das „Süßbedürfnis" und kühlen den Heißhunger auf Süßes beträchtlich ab.

Kinder kommen ständig mit Süßem in Berührung: Sei es, dass Erwachsene Kindern mit süßen Geschenken eine Freude machen, sei es, dass Werbung und Angebot ständig für umsatzfördernde, süße Verführungen sorgen. Ein Kind darunter „leiden" zu lassen, wäre ungerecht. Außerdem bringt ein Verbot in der Regel nichts, sondern verführt zur heimlichen Bedürfnisbefriedigung. Wirksamer und hilfreicher ist es, eine zwanglose, freiwillige Beschränkung einzuüben, indem Sie mit Ihrem Kind den Umgang mit Süßigkeiten offen und partnerschaftlich regeln.

Anregungen für Spielregeln:
* Ein Stück wird gleich probiert, der Rest wandert in eine spezielle „süße Dose".
* Versuchen Sie, die süßen Anwandlungen Ihres Kindes im Auge zu behalten, indem Sie z. B. mit Ihrem Kind verabreden, nur gemeinsam an diese „süße Dose" zu gehen.
* Sie legen gemeinsam mit Ihrem Kind die Ration für eine Woche fest und überlassen es Ihrem Kind, ob und wie es sich diesen Vorrat aufteilt.

- Nur einmal täglich Süßes essen und danach die Zähne putzen.
- Süßes nicht unmittelbar vor dem Essen naschen.
- Seien Sie ein Vorbild und kaufen Sie keine oder nur wenige Süßigkeiten.

Am wirksamsten werden solche Vereinbarungen, wenn die ganze Familie sich daran hält. Scheuen Sie gegebenenfalls auch nicht ein Gespräch mit den Großeltern, Verwandten und Nachbarn, die es gut meinen und dem Kind eine Freude machen wollen.

Familie und Nachbarn einbeziehen

Was kann ich gegen ständiges Naschen machen?

Gehen Sie den Ursachen fürs Naschen auf den Grund: Überprüfen Sie zuerst Ihr eigenes Naschverhalten, um auszuschließen, dass Ihr Kind nur das nachmacht, was Sie ihm vormachen.

Vielleicht sind die Zeitabstände zwischen den Hauptmahlzeiten zu lang. Kleine herzhafte Imbisse beugen gut vor.

Wie sieht's mit möglicher Langeweile aus? Wenn sie ein Grund sein könnte, hilft es schon, wenn Sie mit Ihrem Kind überlegen, was man außer Naschen noch (gemeinsam) tun könnte.

Überlegen Sie, ob in Ihrer Familie Süßes als Trostpflaster bei Schwierigkeiten oder als Belohnung für besondere Leistungen (z. B. in der Schule) eingesetzt wird. Wenn Sie Lob und Tadel mit Süßigkeiten erteilen, konditionieren Sie Ihr Kind mit dieser „süßen" Art von Problemlösung für sein späteres Leben („Kummerspeck").

Brauchen Kinder eine Extrawurst?

Brauchen Kinder spezielle Lebensmittel? Wenn man der Werbung glaubt, könnte man meinen, ja. Im Folgenden wollen wir diesen wachsenden Markt etwas näher beleuchten und aufzeigen, was an Kinderlebensmitteln dran und drin ist. Das Angebot erstreckt sich gegenwärtig hauptsächlich auf Milchprodukte, Frühstücksgetreidekost, Süßigkeiten, Fertiggerichte, Desserts und Getränke.

Kinderlebensmittel auf Erfolgskurs

Kinderlebensmittel fallen auf – Kindern und Eltern. Die Kids
fliegen auf die Verpackung mit witzigen Comicfiguren wie Hello
Kitty, Spongebob oder Wicky der Wickinger auf Sticker, Spiele,
Sammelfiguren und anderes buntes Drumherum. Die Eltern
springen auf die speziellen Begründungen an, ihren Kleinen
etwas besonders Gutes damit zu tun, wenn diese eine Limo „mit
Vitamin C", eine Milchschnitte oder einen Müsliriegel „mit Honig" oder einen Joghurt „mit Calcium angereichert" bekommen.

Doch Kinderlebensmittel beinhalten häufig viel Zucker und Fett. **Zu viel Zucker**
Viele der sogenannten Kinderlebensmittel sind stark verarbei-
tete Produkte und werden oft unter Zugabe von Zusatzstoffen
(Aromastoffe, Farbstoffe) hergestellt. Oft haben sie mit den
eigentlichen Lebensmitteln (z. B. Getreide) nur noch wenig gemeinsam.

Weitere Charakteristika von Kinderlebensmitteln sind der in der **Höhere Preise**
Regel höhere Preis im Vergleich zu den „normalen Varianten"
und die aufwendige Verpackung, z. B. als „kindgerechte Ein-
zelportion", die angesichts der Abfall- und Müllproblematik zu
weiterer Ex-und-Hopp-Mentalität verführt.

Unter diesem Blickwinkel stellen sich Kinderlebensmittel als
ein viel versprechender Versuch der Lebensmittelindustrie dar,
in einem stagnierenden Absatzmarkt neue Marktbereiche zu
erschließen und neue Marktanteile zu sichern, mit „Kinderfän-
gern" neue Kunden zu gewinnen und sie an Marken zu binden.
Satte Gewinne liegen den Marketingstrategen näher als eine
gesunde Sättigung der Kinder. Hier sind Eltern im doppelten
Sinne gefordert, „kühlen Kopf" zu bewahren, denn vor allem
Kinder unter zehn Jahren können noch nicht erkennen, dass der
ganze Werbezauber nur veranstaltet wird, um das Habenwollen
anzuregen und die Eltern zum Kauf zu veranlassen.

Die folgenden Steckbriefe der wichtigsten Gruppen von Kinderlebensmitteln zeigen, was sie hermachen und was sie tatsächlich hergeben.

Frühstückscerealien

Produkt-beschreibung

Getreidekost, produziert auf der Basis von Mais, Hafer, Weizen oder Reis mittels aufwendiger Extruderverfahren. Extruder heißt auf deutsch: Herausquetscher. Der Teig wird durch Düsen gequetscht und kommt in den verschiedensten Formen heraus, z. B. als Ringe oder Figuren. Hinzugefügt werden etliche Zusätze wie z. B. Zucker, Traubenzucker, Honig, Schokolade, Malz, Aroma- und Farbstoffe sowie Vitamine und Mineralstoffe.

Werbung

Werbeaussagen, z. B.:
- „jetzt angereichert mit Calcium"
- „mit vielen Vitaminen und Eisen"
- „dazu frische Milch – ein gesundes Frühstück"
- „mit weniger Zucker"
- „mit der Vollkorngarantie"

Werbeelemente, z. B.:
- Beigaben wie Sticker oder Kleinspielzeug
- Spiele und Informationen auf Verpackungen (teilweise zum Sammeln)
- Abbildungen von aktuellen Comicfiguren
- Fernsehwerbung
- „Kinderseiten" im Internet

Wirklichkeit

Frühstückscerealien gehören in die Spitze der Ernährungspyramide (---> Seite 26 ff.) und sollten als Naschwerk angesehen werden. Sie ...
- sind mehr eine Süßigkeit als ein empfehlenswertes Frühstück,

--->

- weisen oftmals hohe Zuckergehalte auf: Eine Portion von 50 g enthält ca. 5 Stück Würfelzucker,
- sind mit Vitaminen und Mineralstoffen angereichert; so wird ein gesundes Image verliehen,
- leisten einen vergleichsweise geringen Beitrag zur Ballaststoffversorgung, obwohl immer mehr Produkte Vollkornanteile enthalten,
- sind auch mit weniger Zucker noch zu süß und kein empfehlenswertes Frühstück,
- werden mit hohem Energie- und Verpackungsaufwand produziert.

Unsere Empfehlung:
Müsli aus Getreideflocken, Milch und Obst selbst zubereiten. Eine Alternative sind Fertig-Müslimischungen ohne Zuckerzusatz. Cornflakes & Co. sind als „Ausnahmefrühstück" anzusehen. Vollkornbrot mit Konfitüre oder Honig ist die weniger süße Frühstücksalternative.

Milchprodukte

Je nach Produktgruppe (Milchmischgetränke, Kinderquark, -joghurt, Trinkjoghurterzeugnisse, Kinderdesserts) hergestellt aus Milch, Sahne, Milchpulver, Joghurt und Frischkäse unter Zusatz von Zucker, Traubenzucker, Kakao, Verdickungsmittel sowie Fruchtzubereitungen, Farbstoffen, Aromen, Vitaminen und Mineralstoffen.

Produktbeschreibung

Werbeaussagen, z. B.:
- „mit wertvollem Traubenzucker"
- „mit den wertvollen Bausteinen der Milch"
- „der richtige Powerdrink für einen langen Kindertag"
- „Calcium und Vitamin D für gesunde Knochen"

Werbung

······⟩

Werbeelemente, z. B.:

- bunte, kindgerechte Verpackungen
- Aufdruck von Comicfiguren
- Beigabe von Kleinspielzeug, Aufklebern, Stickern
- Werbespots im Fernsehen
- „Kinderseiten" im Internet, z. B. mit Spielen und Filmen

Wirklichkeit

Kindermilchprodukte gehören zwar in die 4. Ebene der Pyramide (zu den Milchprodukten), sind aber nicht die beste Wahl. Sie ...

- weisen einen erhöhten Zuckergehalt auf, z. B. in 125 g Kinderjoghurt 4 Stücke Würfelzucker (= 12 g Zucker),
- bieten keine gesundheitlichen Vorteile durch Traubenzucker, der liefert genauso viel Energie,
- sind mit Traubenfruchtsüße nicht wertvoller als Zucker,
- mit Calcium anzureichern ist überflüssig, da Milch und Milchprodukte von Natur aus die wichtigsten Lebensmittel für die Calciumversorgung sind,
- mit Vitaminen aufzupeppen ist überflüssig,
- weisen einen geringen Fruchtgehalt auf und für den Geschmack sorgen häufig Aromen,
- haben teilweise hohe Fettgehalte (z. B. in 100 g Fertigdessert ca. 13 g Fett).

Unsere Empfehlung:

Fruchtjoghurt, Fruchtquark und Milchmischgetränke aus Milchprodukten ohne Zusätze und frischem Obst selbst herstellen. Alternativ zu frischem Obst können auch tiefgekühlte Früchte verwendet werden. Wenn erforderlich, mit wenig Zucker oder Honig süßen.

Süße Schnitten, Milchsnacks

„Sandwiches" mit einer Creme zwischen zwei Schichten aus Gebäck. Je nach Produkt können folgende Zutaten vorkommen: Weizenmehl, Milch, Milchpulver, Joghurt, pflanzliche Öle, Zucker, Honig, Schokolade, Kakao, Haselnüsse.

Produkt-
beschreibung

Werbeaussagen, z. B.:
- „mit dem Besten aus Milch und Honig"
- „für die Zwischenmahlzeit empfohlen"
- „zeitgemäßes Lebensmittel mit viel frischer Vollmilch"

Werbeelemente, z. B.:
- Abbildung von Milchkannen und Gläsern auf der Verpackung
- Sportler- und Fitnesstipps
- Sticker und Bilder zum Sammeln

Werbung

Süße Schnitten und Milchsnacks gehören in die Spitze der Ernährungspyramide. Sie
- sind eher eine Süßigkeit statt eine empfehlenswerte Zwischen- oder Pausenmahlzeit,
- weisen häufig hohe Fettgehalte auf,
- enthalten relativ viel Zucker,
- liefern Milch nur in Spuren.

Wirklichkeit

Unsere Empfehlung:
Empfehlenswerte Pausen- oder Zwischenmahlzeiten sind belegte Brote oder Brötchen mit hohem Vollkornanteil, ergänzt mit Obst oder Gemüse sowie Milch und Milchprodukten. Milchsnacks gehören zu den Süßigkeiten und sollten nur in kleinen Mengen gegessen werden.

Kinderschokolade & Co.

Produktbeschreibung

Mit Milchcreme gefüllte Vollmilchschokolade, die meistens als Riegel oder Bonbon angeboten wird.

Werbung

Werbeaussagen, z. B.:
- „für eine extra Portion Milch"
- „mit dem wertvollen Milch-Calcium"
- „Füllung besteht aus einem Drittel Milchbestandteilen"

Werbeelemente, z. B.:
- Comicfiguren auf den Verpackungen
- Plastikfiguren als Beilagen
- Abbildungen wie Milchglas, -krug und -kanne
- Figuren zum Basteln
- Internet mit speziellen Seiten für Kinder

Vergleich ■ Milch (250 ml, 1,5% Fett)
■ Kinderschokolade (100 g)

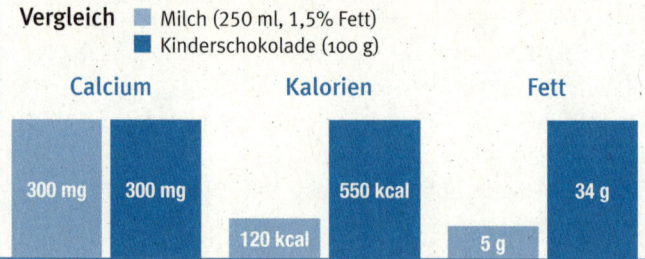

| Calcium | Kalorien | Fett |

300 mg | 300 mg | 550 kcal | 120 kcal | 34 g | 5 g

Wirklichkeit

Kinderschokolade gehört in die Spitze der Ernährungspyramide.
- Sie weist einen hohen Fett- und Zuckergehalt auf, liefert eher eine Extraportion Fett und Zucker.
- Sie liefert im Vergleich zu Milch eine vielfache Menge an Kohlenhydraten (vor allem Zucker), Fett und Energie.

Unsere Empfehlung:
Zur Deckung des Calciumbedarfs sind Milch und Milchprodukte empfehlenswert.
Kinderschokolade und andere „milchhaltige" Süßigkeiten können hin und wieder in Maßen genossen werden.

Das Fazit lautet: Kinder brauchen keine Extrawurst. Nicht die Art der Lebensmittel unterscheidet Kinder- von der Erwachsenenernährung, sondern die Menge. Eine vielseitige, normale Kost sichert die Versorgung mit allen notwendigen Nährstoffen.

Fazit

Mit unserer Darstellung haben wir Ihnen möglicherweise den Spaß an „Schönem, Schickem, Reizvollem" getrübt; andererseits hört für uns der Spaß dann auf, wenn Sie und Ihre Kinder „über den Tisch gezogen werden". Wir empfehlen Ihnen, beim nächsten Einkauf selbst mal hinter die Kulisse zu schauen, sprich: sich die Zutatenlisten kritisch anzusehen oder den Vergleich hinsichtlich Qualität und Preis mit dem normalen Angebot zu ziehen. Häufig können Sie wirksam und preiswert durch eigenmächtiges Anreichern und Verschönern den Spaß Ihres Kindes am Essen und Trinken vergrößern. Und außerdem wissen Sie, was an Ihren selbst produzierten „Kinderlebensmitteln und -mahlzeiten" dran und drin ist. Nicht zuletzt bieten unsere Rezepte etliche Anregungen.

Zutatenliste lesen

Brauchen Kinder mit Vitaminen und Mineralstoffen angereicherte Lebensmittel?

Nein – Essen und Trinken zusammengestellt nach den Empfehlungen, wie sie in diesem Ratgeber beschrieben werden, sichern eine bedarfsgerechte Vitamin- und Mineralstoffzufuhr. Die meisten Kinder sind mit Vitaminen und Mineralstoffen ausreichend versorgt (·····ᗒ Seite 16). Mögliche Defizite in der Calcium-, Eisen- und Jodzufuhr sowie bei der Folatversorgung können durch eine gezielte Lebensmittelauswahl behoben werden.
Angereichert mit einzelnen Vitaminen und Mineralstoffen bzw. häufig auch mit einem ganzen „Cocktail" nach dem Gießkannenprinzip, werden in erster Linie Getränke, Frühstückscerealien, Milchprodukte und Süßigkeiten. Dadurch erhalten sie in den Augen der Eltern einen gesunden „Anstrich". Es entsteht der Eindruck, sie seien besonders wert-

*voll für die Ernährung der Kinder. Negative Aspekte wie hohe
Zucker- und Fettgehalte werden verschwiegen.*

*Sollte aufgrund von Erkrankungen einmal eine Vitamin- und
Mineralstoffunterversorgung festgestellt werden, so besprechen Sie mit dem Arzt/der Ärztin oder einer Ernährungsfach-
kraft, wie dieser Mangel am besten behoben werden kann.*

Was steckt hinter der Bezeichnung „ohne Zusatz-stoffe"?

*Lebensmittelproduzenten verzichten laut ihrer Verpackungen
immer häufiger auf Zusatzstoffe wie Geschmacksverstärker
oder künstliche Aromen und wollen so ihren Produkten
mittels so genannter „Clean Labels" ein natürliches Image
geben. Bei den Produkten werden jedoch die „fehlenden
Zusatzstoffe" häufig durch andere ersetzt, die eine ähnliche
Wirkung haben, jedoch von Gesetzes wegen nicht als Zusatzstoffe gekennzeichnet werden müssen. Wenn z. B. laut Verpackung auf den Geschmacksverstärker Glutamat verzichtet
wird, können stattdessen Hefeextrakte als geschmacks-
verstärkende Zutaten zugesetzt sein. Doch diese enthalten
auch Glutamat, was jedoch nicht angegeben werden muss.
Eine höhere Qualität bei Lebensmitteln, die ausdrücklich
auf Zusatzstoffe verzichten, ist nach Untersuchungen der
Verbraucherzentralen kaum erkennbar.*

*Wenn Sie mehr über Clean Labeling bei Lebensmitteln
erfahren wollen, fragen Sie Ihre Verbraucherzentrale.*

Kinderlebensmittel – aromatisch aufgepeppt

*Ob Süßigkeit, Milchprodukt, Getränk oder Fertiggericht –
eine Vielzahl der Kinderlebensmittel wird mit Aromastoffen
aufgepeppt. Immer seltener haben Kinder die Chance, den
natürlichen Geschmack von Lebensmitteln kennen zu lernen.
Viel vertrauter ist ihnen die durch einen Zusatz von Aromen
erzeugte Geschmacksausrichtung. So stoßen z. B. Milchprodukte mit frischen Früchten nicht immer auf Gegenliebe.*

Bevorzugt werden die Varianten mit „Kunstaromen". Die Geschmacksausprägung wird frühzeitig beeinflusst und schränkt die Wahrnehmung natürlicher Geschmacksrichtungen ein. Ermöglichen Sie Ihren Kindern vielfältige Geschmackserlebnisse. Wählen Sie möglichst Lebensmittel ohne Zusatz von Aromen. Die Zutatenliste gibt Auskunft. Aromen werden dort mit dem Wort „Aroma", einer genaueren Bezeichnung oder einer Beschreibung angegeben, z. B. Erdbeeraroma.

Unsere Position

Kinderlebensmittel ...

... sind Kinderfänger.

... sind eine Erfindung der Industrie.

... werden benutzt, um Eltern zu beeinflussen.

... bieten keine Vorteile gegenüber „normalen" Lebensmitteln.

... enthalten häufig viel Zucker und Fett.

... sind häufig stark verarbeitet.

... sind häufig aufwendig verpackt.

... sind in der Regel teurer.

... sind überflüssig.

Rund um den Kindergeburtstag

Der Geburtstag ist für jedes Kind etwas ganz Besonderes: Es ist die Hauptperson und speziell für das Geburtstagskind gibt es an diesem Festtag

- das Ständchen am Morgen,
- den festlich gedeckten Geburtstagstisch mit Blumen und Kerzen,
- die Geschenke und Überraschungen
- und natürlich das Feiern mit Freundinnen und Freunden.

Essen und Trinken gehören selbstverständlich zu einem gelun-
genen Geburtstagsfest, aber – anders als bei den Erwachsenen –
ein ausgefallenes Menü ist für Kinder nicht das Wichtigste. Das
gemeinsame Spielen und Entdecken steht an diesem Tag eher
im Vordergrund. Einfache Rezepte, witzig präsentiert, sind bei
Kindern beliebt und ersparen Ihnen Zeit bei der Vorbereitung.
Berge von Süßigkeiten und anderen „Lieblingsgerichten", z. B.
Schokolade oder Würstchen mit Pommes, müssen gar nicht sein.

Spielen und Spaß
gehen vor Speisen

Viele unserer Rezepte eignen sich gut für Kindergeburtstage. Für
drei verschiedene Motto-Feste finden Sie im Folgenden Rezepte
und andere Ideen.

Kindergeburtstag zu Hause

Beim Kindergeburtstag zu Hause erleichtert Ihnen die Auswahl
eines Mottos, z. B. Indianerfest, Kochmützenfest oder Olympiade, die Vorbereitung. Besprechen Sie verschiedene Ideen mit
Ihrem Kind und bereiten Sie dann das Fest gemeinsam vor. Eine
selbst gestaltete Einladungskarte ist für die Gäste schon wie ein
kleines Geschenk.

Wichtige Informationen für die Einladung sind:
- wann das Fest beginnt und wann es zu Ende ist,
- welches Motto es gibt und ob die Gäste passend gekleidet
  sein sollen,
- welche Kleidung, z. B. für Feste im Freien, benötigt wird.

Mit der Einladung
Vorfreude wecken

Indianerfest

Ideen für die Gestaltung:
- Zelt aufbauen und mit Grasmatten oder Decken auslegen
- Indianerschmuck aus Holzperlen, Leder-streifen und Korkscheiben herstellen
- Federschmuck aus Wellpappe-Streifen basteln und mit Federn bekleben
- Theater- oder Karnevalsschminke für die „Kriegsbemalung" bereitstellen
- Rasseln und Trommeln für Lagerfeuertanz basteln
- „Pferde" aus Rundstäben, Besen oder Schrubbern – verkleidet mit Socken – basteln
- Spielideen: Spuren lesen, Lagerfeuer, Regentanz

Vorschläge für Fingerfood:
- Barbaras Möhrenbrötchen mit Möhrenbutter (┄┄⟩ Seite 126/133)
- Gefüllte Zucchini in Stücke geschnitten mit Zahnstochern (┄┄⟩ Seite 160)
- Gemüsespieße (┄┄⟩ Seite 161)
- Backofenkartoffeln mit feinem Kräuterquark oder Folienkar-toffeln für das Lagerfeuer (┄┄⟩ Seite 165/133)
- Muffins (┄┄⟩ Seite 207)

Das trinken die Indianerinnen und Indianer:
- Kokosdrink (┄┄⟩ Seite 123)
- Turbo Sport (┄┄⟩ Seite 125)

Kochmützenfest

Ideen für die Gestaltung:

- Schürzen für die Kinder aus einem Geschirr-tuch, Bändern und Sicherheitsnadeln „nähen"
- Rezepte für alle Kinder kopieren und mit Bänd-chen versehen
- Platzsets aus Pappe, Karton, Stoff, Klebebild-chen, dicken Filzstiften etc. basteln

- Kinder in Zweiergruppen einteilen, entweder auf Wunsch oder nach Zufallsprinzip, z. B. Spielkarten ziehen lassen – die gleichen Karten „kochen" miteinander
- Gemeinsames Tischdecken, Kochen und Backen, Essen und Aufräumen
- evtl. mit Testessen: Kinder müssen mit geschlossenen Augen erraten, was sie gerade essen und wie es schmeckt

Vorschläge für die Speisekarte:
- Rosinenbrötchen mit Nuss-Nougat-Creme (····⟩ Seite 128/136)
- Pizza (Teig evtl. schon vorbereiten) (····⟩ Seite 176)
- Rohkostplatte mit Eiercreme oder Paprikacreme (····⟩ Seite 143/132/134)
- Red Cat (····⟩ Seite 125)
- Bananenmilch (····⟩ Seite 122)

Olympiade

Ideen für die Gestaltung:
Alle „Sport-Gäste" erhalten einen Sportlerausweis und ein Schild mit ihrer persönlichen Teilnehmernummer. Das Schild aus Papier oder Stoff wird mit einer Sicherheitsnadel befestigt.
Der Fackellauf (= Taschenlampe oder Gartenfackel) eröffnet die Olympischen Spiele und das Geburtstagskind hält die feierliche Rede.
Mögliche Disziplinen: Tauziehen, Zielwerfen, Sackhüpfen, Eierlaufen, Weitsprung, Knopf annähen, Betten beziehen, Memory …
Zur Schlussfeier erhalten die Teilnehmenden Medaillen und das olympische Essen.

Vorschläge für den Olympiaschmaus:
- Tomatensuppe (····⟩ Seite 151)
- Nudeln mit Spinat (····⟩ Seite 175)
- Möhren-Apfel-Rohkost (····⟩ Seite 141)
- Apfel-Streusel-Auflauf (····⟩ Seite 196)
- Knusperwaffeln (····⟩ Seite 203)
- Kinderpunsch (····⟩ Seite 123)
- Afrutada (····⟩ Seite 125)

Die Bewirtung der Kinder

Selbstgestaltete Deko

Eine aufwendige Tischdekoration ist bei Kindern nicht notwendig. Viel spannender – weil einmal ganz anders – ist das Essen und Trinken auf dem Boden. Breiten Sie dazu ein Tuch auf der Erde aus und picknicken Sie mit den Kindern. Oder Sie legen eine Papiertischdecke auf den Tisch und die Kinder dürfen „ihren" Platz bemalen. Rote, gelbe, blaue und grüne Servietten bringen Farbe auf den selbst bemalten Tisch. Witzig finden Kinder auch immer „ausgefallenes" Essgeschirr, z. B. Minigeschirr. Schnapsgläschen werden zu Saftgläsern, Milchkännchen zum Saftkrug. Ihr Haushalt oder die Haushaltswarenabteilungen werden Ihre Fantasie anregen.

Ganz einfach lassen sich Gläser, Schüsseln, Teller etc. mit farbigen Stickern aufpeppen. Auch Papierschirmchen, Fähnchen oder farbige Tortendecken wirken sehr dekorativ.

Kinder mithelfen lassen

Fürs Kochen und Backen werden Sie am Tag des Kindergeburtstags wenig Zeit haben. Geeignet sind daher Rezepte, die sich gut vorbereiten lassen. Da viele Kinder gern in der Küche mithelfen, kann das Geburtstagskind bei den Vorbereitungen helfen oder Sie machen das Kochen und Zubereiten selbst zu einem Programmpunkt des Festes.

Preise, Preise, Preise ...

„Souvenirs" von der Geburtstagsfeier

Es vergeht kaum ein Kindergeburtstag, an dem nicht auch die Gäste Geschenke erhalten. Bei unseren Vorschlägen nehmen die Kinder kleine Geschenke mit nach Hause, die im Verlauf des Geburtstags entstanden sind: beim Indianerfest den Kopfschmuck, die Indianerkette und jeweils ein extra gebackenes Möhrenbrötchen, beim Kochmützenfest gibt es die Rezeptsammlung und ein Rosinenbrötchen mit auf den Heimweg und bei der Olympiade erhalten die Kinder ihre Medaillen.

Andere Beispiele für kleine Preise sind: Lesezeichen, Straßen-
malkreide, Briefpapier, ein hübsch beklebtes Trinkglas, Vorlagen
zum Ausmalen, Buntstifte, Bleistift, Sticker ...

Sie sehen, es geht auch ohne Süßigkeiten.

Holen Sie sich Hilfe

Beim Kindergeburtstag fehlen oft ein paar Hände, z. B. fürs
Fotografieren, das Aufwischen von verschütteten Getränken,
zwischendurch Chaos beseitigen ... Fragen Sie doch Ihren „Ba-
bysitter". Jugendliche haben oft noch viel Spaß an den Spielen
der Kinder. Oder Sie spannen andere Familienmitglieder und
Freunde ein.

Kindergeburtstag im Kindergarten und in der Schule

Sprechen Sie mit Erzieherinnen und Erziehern im Kindergarten
und den Lehrkräften in der Schule darüber, wie Geburtstage in
den Gruppen gefeiert werden. Geben Sie Ihrem Kind Essen mit,
bei dem das Verteilen wenig Mühe macht. Gibt es etwas Süßes,
eignen sich Waffelherzen oder Muffins. Wird Herzhaftes ge-
wünscht, können es belegte kleine Brötchen sein. Dekorieren
Sie die Brötchenteller mit Salzgebäck und Rohkost. Viel Spaß
haben Kinder, wenn sie selbst Obst- oder Gemüsespieße – auch
ergänzt durch Brot- und Käsewürfel – zusammenstellen dürfen.

Praktisch zum Verteilen

Zum Aufspießen eignen sich: Cocktailtomaten, Essig-, Salatgur-
ken, Kohlrabi, Käsewürfel, Paprika, Apfel, Melone, Weintrauben,
Brotwürfel und vieles andere mehr.

Praktische Tipps
für die Küche

Eine Frage, die sich stellt, wenn Sie beim täglichen Speiseplan etwas verändern und verbessern wollen, ist: „Wo fange ich an?".

Wir haben Ihnen bislang sicher nicht nur Neues gesagt, und Sie selbst wissen, was gut und richtig für Ihre Familie ist. Doch aus unserer Beratungspraxis wissen wir, dass manche berufstätigen Eltern das schlechte Gewissen plagt, wenn sie das Gefühl haben, ihren eigenen Ansprüchen und denen ihrer Lieben nicht gerecht zu werden. Deshalb möchten wir an dieser Stelle noch einmal betonen, dass einschneidende Änderungen nicht sein müssen. Erfahrungsgemäß ist der Erfolg am wirksamsten, wenn Verbesserungen in kleinen Schritten erfolgen. Anfangen kann man z. B. an einem Wochenende.

Denn Kinder – und nicht nur sie – lieben ihre Gewohnheiten und wollen nicht von heute auf morgen auf alles Bisherige verzichten. Schon kleine unauffällige Veränderungen oder Austauschmanöver können Gerichte gut „aufwerten".

Schritt für Schritt

Beziehen Sie Ihr Kind mit ein, je nachdem, wie Sie es am besten erreichen: Durch Fragen, was es wieder mal gern essen möchte, durch regelmäßiges Kochen von Lieblingsgerichten – oder durch Überraschungen. Unterm Strich sollte die Ernährung abwechslungsreich und vielseitig sein.

Für die einzelnen Mahlzeiten finden Sie im Rezeptteil zahlreiche Vorschläge, die von Kindern und Erwachsenen getestet und für gut und lecker befunden wurden. Alle Rezepte sind auch für den „Koch-Einstieg" geeignet. Zuvor möchten wir Ihnen mit Tipps und Hinweisen für Einkauf und Zubereitung das Ausprobieren erleichtern.

Wo und wie oft einkaufen?

Alle Lebensmittel, die Sie für unsere Rezepte benötigen, sind in Supermärkten und Verbrauchermärkten erhältlich. Sollten Sie einzelne Lebensmittel dort nicht finden, z. B. Getreide, erhalten Sie in Biolläden und Reformhäusern die gewünschten Produkte. Dort bekommen Sie z. B. auch frisch gemahlenes Getreide, das möglichst schnell verbraucht werden sollte. Verpacktes Vollkornmehl oder -schrot ist etwa ein Jahr haltbar, weil der Keimling eine Hitzebehandlung erfahren hat.

Für das Mahlen kleiner Mengen eignet sich eine alte (Hand-)Kaffeemühle, z. B. für ein Frischkorn-Müsli. Wenn Sie eine Getreidemühle haben, können Sie je nach Größe Ihres Haushalts ganzes Korn in größeren Mengen von 5 bis 10 kg einkaufen. Bei dunkler, trockener Lagerung, nicht über 20 °C, hält es sich ein Jahr.

Kaufen Sie Obst und Gemüse saisongerecht ein (⸱⸱⸱⸱⸱⸱⸱⸱⸱⸱⸱⸱⸱⸱⸱⸱⸱⸱⸱⸱⸱> Seite 216).

Unser Einkaufsplan auf Seite 104 f. erleichtert Ihnen den Einkauf: Von den haltbaren Lebensmitteln wird ein Vorrat angelegt, frische Dinge müssen zwei- bis dreimal pro Woche eingekauft werden.

Kinder können beim Einkaufen sehr gut mithelfen: Sie schreiben den Einkaufszettel, holen im Supermarkt bestimmte Dinge herbei und legen sie in den Einkaufswagen oder -korb oder packen an der Kasse die Lebensmittel auf das Band.

Lebensmittel nachhaltig auswählen

Nachhaltigkeit bei der Auswahl der Lebensmittel zu berücksichtigen, bedeutet, diese nach ökologischen, ökonomischen und gesellschaftlichen Kriterien auszuwählen. Ziel ist es, die Bedürfnisse heutiger Menschen zu befriedigen, ohne dabei die Ernährungsgrundlagen künftiger Generationen zu gefährden.

Die Vollwert-Ernährung nach dem Ernährungswissenschaftler Prof. Dr. Claus Leitzmann berücksichtigt diese Aspekte. Bevorzugt werden Lebensmittel möglichst aus ökologischer Produktion, regional erzeugt und aus dem Fairen Handel.

Regional, ökologisch, aus Fairem Handel

Die Grundsätze für nachhaltiges Einkaufen lauten:
- Bevorzugen Sie ökologisch erzeugte Lebensmittel.
- Entscheiden Sie sich möglichst für regionale und saisonale Produkte.
- Essen Sie selten Fleisch und Wurst, dafür aber artgerecht erzeugt.
- Bevorzugen Sie gering bzw. mäßig verarbeitete Lebensmittel.
- Achten Sie auf umweltverträglich verpackte Erzeugnisse.
- Unterstützen Sie mit Ihrem Kauf sozialverträglich erzeugte und vermarktete Produkte wie z. B. Lebensmittel aus dem Fairen Handel.

Produkte, die diese Kriterien erfüllen, finden Sie in Bioläden, auf Wochenmärkten, im Lebensmittel-Einzelhandel oder direkt beim Bio-Bauern. Eine Übersicht der Warenzeichen für Produkte aus dem kontrolliert ökologischen Landbau finden Sie im Anhang (⤑ Seite 234).

Vorrats- und Einkaufsplan

Das gehört in Küche und Keller:
- Kartoffeln
- Mehl, Nudeln, Reis
- Weizen, Roggen, Grünkern
- Hülsenfrüchte, z. B. Linsen, Erbsen, Bohnen
- Getreideflocken, Müsli
- Zwieback, Knäckebrot
- Zwiebeln, Knoblauch
- Getrocknete Gewürze und Kräuter
- Salz, Pfeffer
- Instant-Gemüsebrühe
- Essig, Öl, Senf
- Nüsse, Sonnenblumenkerne, Sesam, Leinsamen
- Rosinen und andere Trockenfrüchte
- Konfitüre, Honig, Zucker
- Tomatenmark, pürierte Tomaten
- Mineralwasser, Tee, Obstsaft

Das gehört in die Tiefkühltruhe bzw. den Tiefkühlschrank:
- Verschiedene Gemüse, z. B. Spinat, Erbsen, Rotkohl
- Verschiedene Kräuter
- Fleisch
- Fisch
- 2–3 Sorten Brot (maximal 2 Wochen lagern)

Das wird wöchentlich gekauft:
- Milch
- Joghurt, Quark, Schmand, Sahne
- Käse
- Eier
- Butter, Margarine

Das wird frisch und nach Bedarf gekauft:

- Obst
- Gemüse, Salat, Kräuter
- Fleisch und Wurst
- Fisch
- Brot und Brötchen

Einkaufsregeln, die Ihnen das Leben leichter machen:

- Den Wocheneinkauf nicht am Wochenende erledigen.
- Einen günstigen Zeitpunkt festlegen, wenn Sie ohne Kinder einkaufen möchten.
- Verlängerte Ladenöffnungszeiten ausnutzen.
- Den Einkaufszettel nach Produktgruppen sortieren und im Laden die Liste nach und nach abhaken.
- Prüfen, ob Lebensmittel geliefert werden können, z. B. Getränkekästen, Gemüsekisten.

Hilfreiche Tipps für den Einkauf mit Kindern:

- Lassen Sie Ihr Kind den Einkaufszettel schreiben.
- Gehen Sie nicht mit knurrendem Magen und nur mit satten Kindern einkaufen.
- Lassen Sie sich beim Einkaufen helfen.
- Machtkämpfe im Supermarkt können Sie verhindern, wenn Sie die Wünsche der Kinder bei der Planung berücksichtigen.
- Im „Notfall" hilft es, sich auf ein Kompromiss-Lebensmittel bzw. eine Süßigkeit einzulassen.
- Planen Sie den Einkauf als eine Familienaktion, z. B. gemeinsam am Samstag auf den Wochenmarkt oder zu einem Bauern einkaufen zu gehen.

Die Hygiene: Mahlzeiten sicher zubereiten und genießen

Um Lebensmittel-Infektionen im Haushalt zu vermeiden, sind einige Grundkenntnisse im Umgang mit Lebensmitteln und über deren Lagerung und Zubereitung wichtig. Lebensmittel-Infektionen werden durch Mikroorganismen (Bakterien, Hefen und Schimmelpilze) hervorgerufen. Diese leben überall dort, wo sie Nahrung finden: auf den Lebensmitteln selbst, an den Händen, den Arbeitsflächen, sogar im Kühlschrank oder an Spülgerätschaften und in Handtüchern. Essen oder trinken wir mit Krankheitserregern verunreinigte Speisen, können Durchfall, Erbrechen und ernste Lebensmittel-Vergiftungen auftreten. Kinder und Schwangere zählen zu den sogenannten Risikogruppen und zeigen eine höhere Empfindlichkeit gegenüber Erregern von Lebensmittel-Infektionen.

Besonders empfindliche Lebensmittel:
- Tierische Lebensmittel, also Fleisch, insbesondere Geflügel, Wurstwaren, Eier, Milch oder (Räucher-)Fisch.
- Rohe oder unzureichend gegarte Fleischgerichte und Wurstwaren, Feinkostsalate und Speisen mit rohen Eiern, wie selbst hergestellte Mayonnaisesalate oder Desserts wie Tiramisu, Mousse au chocolat.
- Pflanzliche Lebensmittel, wie Rohkost- oder Schnittsalate, können mit Keimen verunreinigt sein.
- Durchgegarte Speisen, die anschließend unzureichend gekühlt wurden.

Die wichtigsten Hygieneregeln

„5-Schlüssel-Strategie"

Die Weltgesundheitsorganisation (WHO) empfiehlt, die „Fünf-Schlüssel-Strategie" für sichere Lebensmittel zu beachten:
- Halten Sie Hände und Arbeitsflächen in der Küche sauber.
- Trennen Sie rohe und gekochte Speisen.
- Erhitzen Sie Lebensmittel sorgfältig.

- Lagern Sie Lebensmittel bei „sicheren" Temperaturen.
- Verwenden Sie sauberes Wasser und sichere Ausgangsprodukte.

So kaufen Sie „sicher" ein:
- Unterbrechen Sie die Kühlkette nicht.
- Kaufen Sie bedarfsgerechte Mengen.
- Beachten Sie Verbrauchsdatum und Mindesthaltbarkeitsdatum. Besonders empfindliche Lebensmittel, wie Räucherlachs oder Hackfleisch, sind bei den angegebenen Temperaturen (meistens 2 °C) zu lagern und bis zum entsprechenden Datum zu „verbrauchen" (= Verbrauchsdatum).

  Das Mindesthaltbarkeitsdatum (MHD) gibt das Datum an, bis zu dem die Ware bei Einhaltung der angegebenen Lagerbedingungen „mindestens" haltbar ist.

Verbrauchsdatum

Mindesthaltbarkeitsdatum

So lagern Sie „sicher":
- Halten Sie die vorgeschriebene Lagertemperatur ein.
  Das Mindesthaltbarkeitsdatum für zu kühlende Lebensmittel bezieht sich meist auf einen Bereich zwischen 6 und 8 °C. Manche Produkte, z. B. vorverpacktes Hackfleisch, dürfen nur bei maximal 2 °C lagern.
- Packen Sie den Kühlschrank nicht zu voll.
- Beachten Sie die unterschiedlichen Temperaturen im Kühlschrank. Fleisch und Fisch lagern am besten bei 2 °C und damit ganz unten auf der Glasplatte. Milchprodukte und Aufschnitt bei 4 bis 5 °C lagern; Eier, Speisereste und Gebäck bei 8 °C und Obst und Gemüse im Gemüsefach bei rund 10 °C. Messen Sie die Temperaturen in Ihrem Kühlschrank.
- Kontrollieren Sie regelmäßig die Vorräte.
- Lagern Sie geöffnete Lebensmittel kühl und verbrauchen Sie diese schnell.

Temperaturbereiche im Kühlschrank

So bereiten Sie „sicher" Ihre Speisen zu:
- Erhitzen Sie Fleisch gut durch.
- Beachten Sie die Auftauregeln: Auftauflüssigkeit von tiefgefrorenem Fleisch und Geflügel auffangen, wegschütten und nicht mit rohen Lebensmitteln in Berührung bringen.

- Stellen Sie Speisen mit rohen Eiern sofort in den Kühlschrank oder essen Sie sie gleich.
- Bereiten Sie keine Speisen mit rohen Eiern für Risikogruppen zu: Kinder, Schwangere, ältere Menschen und Menschen mit einem geschwächten Immunsystem.
- Halten Sie Mahlzeiten nicht lange warm. Kühlen Sie ggf. fertig zubereitete Speisen schnell herunter, lagern sie kühl und erhitzen Sie sie vor dem Essen erneut durch.

„Sichere" Arbeitsmittel und persönliche Hygiene:
- Ersetzen Sie zerkratzte Schneidebretter.
- Trennen Sie saubere von unsauberen Arbeiten, z. B. schneiden Sie rohes Fleisch und Salat nicht auf demselben Brett.
- Reinigen Sie Küchengerätschaften.
- Tauschen Sie Spüllappen regelmäßig aus: Lappen alle 3 Tage, Handtücher mindestens einmal pro Woche.
- Waschen Sie die Hände vor und zwischen den Arbeitsgängen.
- Decken Sie Wunden ab.

Zubereitung der Mahlzeiten

Unsere Devise lautet: schnell, lecker und gesund!

Sie können der täglichen Frage „Was kochen wir denn heute?" entgehen und viel Zeit sparen, wenn Sie für eine Woche im Voraus planen, was gekocht werden soll. Überlegen Sie – am besten mit der ganzen Familie –, was in den nächsten Tagen auf den Tisch kommen soll. Jedes Familienmitglied hat so die Möglichkeit zur Mitsprache, kann ein Wunschessen einplanen und wird den Rest der Woche (hoffentlich) nicht meckern. Lassen Sie sich durch Kochbücher, Ihre Vorräte oder durch Gemüse, das gerade Saison hat, inspirieren. Sie können auch die Wochentage vergeben: Montag ist Reistag, Dienstag ist Nudeltag, Mittwoch ist Kartoffeltag, Donnerstag ist Getreidetag, Freitag ist Fischtag, Samstag ist Suppentag und Sonntag ist Fleischtag.

Ein Familienordner mit Blitz- und Lieblingsrezepten erleichtert die Auswahl.

Zeit sparen beim Kochen

Nutzen Sie die Vielfalt der Zubereitungsarten unserer Lebensmittel aus und sparen Sie dabei Zeit. Hier einige Beispiele:

Einmal kochen – mehrmals essen

- Kartoffeln – die doppelte Menge als Pellkartoffeln garen: Am ersten Tag gibt es Pellkartoffeln mit Quark und am zweiten Tag Bratkartoffeln, Kartoffelgratin oder Kartoffelsalat.
- Nudeln – die doppelte Menge kochen: Am ersten Tag gibt es Nudeln mit Soße und am zweiten Tag sind die Nudeln Bestandteil eines Gemüseauflaufs.
- Reis – ein ganzes Kilo kochen und die am ersten Tag nicht benötigte Menge einfrieren oder für den nächsten Tag in den Kühlschrank stellen. Eingefrorener Reis wird nach dem Auftauen mit Zwiebeln in Butter oder Öl angebraten und zu Gemüse oder Soße serviert.

Im Zeitalter des Gefrierschranks lohnt sich auch das Kochen und Backen auf Vorrat. Zum Einfrieren gut geeignet sind:

Kochen und Backen auf Vorrat

- Eintopfgerichte
- Tomatensoße
- Fleisch- und Fischspeisen
- Getreidegerichte
- Gemüsegerichte
- Gemüsekuchen

Weniger geeignet zum Einfrieren sind Kartoffeln und Kartoffelzubereitungen.

Tiefkühlgerichte erleichtern die Zubereitung einer warmen Mahlzeit bei knapper Zeit. Achten Sie hierbei auf die Zutatenliste. Empfehlenswert sind Produkte ohne weitere Zutaten, z. B. Gemüse, Obst, Fleisch und Fisch natur. Halbfertig- oder Fertiggerichte enthalten häufig viel Fett, Sahne und Zusatzstoffe.

Tiefkühlgerichte

Und: Es gibt kein Gesetz, das Hausfrauen und Hausmännern vorschreibt, es müsste jeden Mittag oder Abend etwas Warmes auf den Tisch kommen. Ab und zu ersetzen eine Quarkspeise, nett angerichtete Toasts oder ein bunter Salat das warme Essen.

Vorschläge für die Zubereitung

Vitamine reagieren empfindlich bei Licht, Luft und Hitze. Dadurch nimmt bei jedem Verarbeitungsschritt der Vitamingehalt von Obst, Gemüse und Kartoffeln ab. Auch Schälen reduziert oft den Gehalt wichtiger Inhaltsstoffe.

So können Sie unnötige Verluste vermeiden bzw. verringern:
- Waschen Sie Obst und Gemüse gründlich und unzerkleinert, wässern Sie es nicht oder lassen Sie es zerkleinert nicht lange herumstehen.
- Bereiten Sie Rohkostsalate erst kurz vor den Mahlzeiten zu.
- Kochen Sie Gemüse nicht, sondern dämpfen oder dünsten Sie es kurz in wenig Wasser bei geschlossenem Deckel.
- Halten Sie gegartes Gemüse nie warm (besser schnell abkühlen, im Kühlschrank lagern und aufwärmen).
- Garen Sie Kartoffeln als Pellkartoffeln.

Zubereiten von Getreide

Getreide kann roh oder gegart gegessen werden. Nicht erhitztes Getreide ist deshalb besonders zu empfehlen, weil keine Nährstoffe verloren gehen. Zwei gute Möglichkeiten, wie rohes Getreide verwendet werden kann, wollen wir hier kurz vorstellen:

Umgang mit rohem Getreide

1. Keimen
Besonders vitaminreich sind gekeimte Körner. Neben Getreide eignen sich auch Hülsenfrüchte und Ölsamen zum Keimen. Zusätzlich benötigt man nur noch Wasser und ein Gefäß, eine Schale, einen Teller, ein Glas oder spezielle Keimapparate.

Und so wird's gemacht: Das Getreide wird über Nacht in reichlich Wasser eingeweicht, morgens gründlich abgespült, um Schimmelpilzbildung zu verhindern, und tagsüber ohne Wasser stehen gelassen. Am Abend wird wieder gründlich gespült, über

Nacht eingeweicht, am Morgen gründlich gespült usw. Nach zwei bis drei Tagen haben sich je nach Getreidesorte kleine Keime gebildet.

Keimlinge sind besonders lecker und eignen sich als Ergänzung zu Salaten, Gemüse, Müsli oder auf Butterbrote. Keimlinge aus Hülsenfrüchten sollten kurz blanchiert werden, weil rohe Hülsenfrüchte Stoffe enthalten, die für uns schädlich werden könnten.

2. Frischkornmüsli

Für das Frischkornmüsli wird das Getreide grob geschrotet, im Kühlschrank 4 bis 10 Stunden zur besseren Bekömmlichkeit in Wasser eingeweicht (z. B. über Nacht) und mit Milchprodukten, Obst und vielleicht zusätzlich Nüssen als Müsli gegessen (Rezept ┄┄> Seite 137).

Garen von Getreide

Die Körner werden gründlich gespült, mit der dreifachen Menge Wasser über Nacht eingeweicht, um die Garzeit zu verkürzen, und mit dem Einweichwasser gekocht. Sie eignen sich warm als Beilage zu Gemüse oder kalt als Salatzutat.

Zubereitung durch Garen

Die oft als relativ lang empfundenen Garzeiten können beim Garen im Dampfdrucktopf um 50–70 % reduziert werden. Das bei vielen Rezepten empfohlene Einweichen fällt weg. Die Flüssigkeitsmengen dürfen jedoch nicht verringert werden, da sie zum Ausquellen der Körner erforderlich sind.

Gemahlenes oder geschrotetes Korn wird in die zweifache Menge kochendes Wasser gegeben, kurz aufgekocht und bei geringer Hitze zum Ausquellen gebracht. Dieser Teig wird zu Bratlingen oder für Gemüsefüllungen weiterverarbeitet.

Mehl

Vollkornmehl kann im Austausch gegen Weißmehl der Type 405 zum Backen von Kuchen, Gebäck, Brot und Brötchen verwendet werden. Am Anfang nimmt man am besten entsprechende Rezepte, da Vollkornmehl wegen des hohen Ballaststoffgehalts mehr Flüssigkeit benötigt.

Wenn Sie Ihre Familie langsam an die Vollkornbäckerei heranführen möchten, können Sie anfangs Vollkornmehl mit Weißmehl mischen und dann den Anteil langsam steigern.

Fett sparen

Als Nährstoff und als Träger von Geschmackstoffen hat Fett durchaus seine Bedeutung. Aufgrund des hohen Energiegehalts sollten Sie es bei der Zubereitung bewusst und sparsam verwenden:
- Beim Garen im Backofen, Grill und Römertopf können Sie ganz aufs Bratfett verzichten.
- Messen Sie beim Dünsten oder Braten das Fett immer ab.
- Gehen Sie mit Sahne und Crème fraîche in Suppen und Soßen sparsam um.
- Salate schmecken auch mit einer Joghurtsoße lecker, außerdem können Sahne, Mayonnaise, Crème fraîche u. Ä. mit Joghurt gestreckt oder ersetzt werden.

Kinder und Küche

In vielen Familien bekommen Kinder das Essen fertig auf den Tisch und werden an dessen Zubereitung nicht beteiligt. Jedes Kind hat irgendwann den Drang, mithelfen zu wollen. Das zuzulassen, erfordert Geduld und mehr Zeit – ganz abgesehen von der Sorge, dass das Kind sich schneiden, verbrennen oder sonst wie verletzen könnte. Andererseits lernen Kinder frühzeitig und praktisch Lebensmittel, ihre Verwendung und Zubereitung kennen und mit Messer und Küchengeräten umzugehen. Wenn sie dabei nicht nur „Handlanger" sind, sondern gleichzeitig Verantwortung für einen Teilbereich übernehmen, wird die Mithilfe mit der Zeit eine Entlastung.

Kinder mitmachen lassen

Das können Kinder tun:

- Einkaufszettel führen
- Allein zum Einkaufen gehen (Bäcker) oder gemeinsam einkaufen (Sachen im Supermarkt holen lassen)
- Zutatenlisten auf Verpackungen „studieren"
- Die Einkaufstasche ausräumen
- Kuchen oder Plätzchen backen (insbesondere Teig zubereiten)
- Desserts, Obstsalat, Rohkost zubereiten (rühren, schneiden)
- Getreide zum Keimen bringen und/oder mahlen
- Kräuter ziehen und pflegen
- Im Garten ein eigenes Gemüsebeet betreuen
- Pizza, Kuchen usw. belegen
- Tisch decken und schmücken
- Spülen und abtrocknen
- Einen Speiseplan erstellen, zum Geburtstag eines Familienmitglieds, für einen Sonntag, für ein Fest ...

Rezeptteil

Unsere Rezepte sind erprobt und nach dem Grundsatz zusammengestellt, dass sie nicht mehr Mühe machen als das Ausprobieren neuer Rezepte überhaupt. Durch Übung verliert sich der anfänglich vielleicht höhere Zeit- und Arbeitsaufwand.

Die Rezepte im Überblick

Getränke

Frühstücksvorschläge

Selbst gebackenes Brot und Brötchen

Brotaufstriche herzhaft

Brotaufstriche süß

Müslis

Salate und Salatsoßen

Salate

Salatsoßen

Fischgerichte

Fleischgerichte

Süßspeisen und Desserts

Kuchen und Gebäck

Löffelmaße

Lebensmittel	1 Teelöffel (TL) in g	1 Esslöffel (EL) in g
Butter	5	10
Crème fraîche	5	15
Essig	5	10
Frischkäse	–	15
Frischkäse, körnig	–	25
Haferflocken	–	10
Haselnüsse, gemahlen	5	10
Hirsekörner (roh)	–	10
Honig, Ahornsirup	5	10
Kakaopulver	2	5
Käse, gerieben	–	10
Kräuter	2	5
Leinsamen	3	10
Maiskörner (Glas)	–	25
Margarine	5	10
Marmelade	5	10
Mehl, Vollkorn-	3	10
Milch	–	15

---->

Lebensmittel	1 Teelöffel (TL) in g	1 Esslöffel (EL) in g
Müsli	–	10
Nüsse, gehackt	5	10
Öl	5	10
Parmesan	–	10
Quark, mager	10	25
Rosinen	5	15
Sahne, flüssig	–	10
Sahne, geschlagen	–	15
Salz	5	–
Saure Sahne, Joghurt	–	15
Senf	2	10
Sesam	2	5
Sonnenblumenkerne	–	10
Tomatenmark	5	15
Weizenkörner	5	15
Weizenvollkornmehl	3	10
Zucker	5	15

Das Volumen beträgt beim Esslöffel ungefähr 15 ml und beim Teelöffel ungefähr 5 ml.

Hinweise zu den Rezepten

Zeichenerklärung:
Esslöffel (gestrichen) = EL
Teelöffel (gestrichen) = TL
Messerspitze   = MS

Portionen:
Die Rezepte sind, wenn nicht anders angegeben, für **4 Portionen**
bemessen. Je nach Appetit und Alter können die Rezepte, z. B.
bei einer Familie mit zwei kleinen Kindern, auch für 5 bis 6 Personen reichen.

Zeitbedarf:
Die meisten Rezepte brauchen an aktiver Vorbereitungszeit in der
Regel nicht mehr als eine halbe Stunde. Back- und Garzeiten, in
denen Sie nicht anwesend sein müssen und Zeiten, in denen Sie
Ihrem Kind etwas zeigen und erklären, sind nicht mitgerechnet.
Wenn ein Rezept eine aktive Vorbereitungszeit von ca. 45–60
Minuten benötigt, finden Sie dieses Zeichen vor.

Einfriertauglich:
Rezepte mit diesem Hinweis lassen sich gut einfrieren.

Tipp mit Bär:
Bei dem jeweiligen Rezept hat unser Kiko-Bärchen noch was zu
bieten: leckere Varianten, praktische Hinweise, …

Tipp

Wenn Sie an **Energie- und Nährstoffangaben** interessiert sind,
dann finden Sie ab Seite 220 eine Auflistung aller Rezepte mit
den jeweiligen Werten für den Gehalt an Kalorien, Eiweiß, Fett,
Kohlenhydraten, Folat, Calcium, Jod und Eisen.

Getränke

Bananenmilch

(5 Portionen)

2	Bananen, 300 g
500 ml	Milch, 1,5 % Fett
250 ml	Buttermilch
	Saft einer Zitrone
	evtl. Honig

Banane zerdrücken oder im Mixer pürieren, mit Zitronensaft beträufeln und mit Milch und Buttermilch zu einer sämigen Mix-Milch verrühren.
Wenn nötig, mit etwas Honig süßen.

Tipp Anstelle von Bananen eignen sich auch Erdbeeren, Himbeeren, Pfirsiche etc.

Kinderbowle

(8 Portionen)

400 g	Früchte der Saison (z. B. Erdbeeren, Himbeeren, Kirschen, Apfelsinen, Kiwi)
	Saft einer Zitrone
500 ml	Apfelsaft
500 ml	Mineralwasser

Früchte waschen, in mundgerechte Stücke schneiden und in ein Bowlegefäß oder eine Karaffe geben.
Mit Zitronensaft beträufeln und Apfelsaft und Mineralwasser aufgießen.

Kinderpunsch

(10 Portionen)

1 ½ l	frisch aufgebrühter Früchtetee (Teemenge nach Anleitung)
2	Apfelsinen
2	Äpfel
½ l	roter Traubensaft
1	Zimtstange
½ TL	Vanillemark
3 EL	Rosinen, 40 g
evtl. 2 EL	Honig oder Zucker

In den heißen Tee die gewaschenen und klein geschnittenen Äpfel und Apfelsinen geben.
Mit Traubensaft, Gewürzen und Rosinen noch einmal kurz erhitzen.
Nach Geschmack mit Honig oder Zucker abschmecken.

Kokosdrink

(8 Portionen)

2	Bananen, 300 g
2–3 EL	Kokosflocken, 50 g
400 ml	Milch, 1,5 % Fett
400 g	Joghurt, 1,5 % Fett
2 EL	Zitronensaft
	Vanille, gemahlen

Bananen pürieren und mit den anderen Zutaten zu einem erfrischenden Getränk verrühren.
Wer einen Pürierstab oder einen Mixer besitzt: alle Zutaten hinein und mixen.

Rotes Saftgetränk

(8 Portionen)

1 ½ l	Früchtetee (aus 7–8 Teebeuteln)
½ l	Apfel- oder Orangensaft

Den Tee abkühlen lassen und mit dem Saft mischen.
Nach Belieben mit Eiswürfeln, kleinen Apfel- und Orangenstücken und bunten Strohhalmen servieren.

Gewinnerrezepte des Wettbewerbs Mach-Bar-Tour – Limited Edition

Selber ein Trendgetränk
erfinden, mixen, vermarkten
und verkaufen – so lautete
die Aufgabe des Jugend-
wettbewerbs „Mach-Bar-
Tour – Limited Edition", den
die Verbraucherzentralen
2008 durchführten. Die Kreationen sollten ohne Alkohol und
„Wunderstoffe" auskommen und auf jeden Fall Trink- oder
Mineralwasser enthalten. Die Mach-Bar-Tour ist ein inter-
aktives Unterrichtsprojekt, das Trendgetränke unter den
Aspekten Ernährung, Werbung und Umweltschutz beleuch-
tet. Auch sollen Alternativen zu herkömmlichen Trendge-
tränken entwickelt werden.
Die Mach-Bar-Tour wird gefördert vom Bundesministeri-
um für Ernährung, Landwirtschaft und Verbraucherschutz
(BMELV).

Platz 1: Graf-Heinrich-Schule, Hausach

„Turbo Sport"

(6 Portionen)

500 ml	Mineralwasser
200 ml	Orangensaft
200 ml	Johannisbeersaft
100 ml	Grapefruitsaft

Platz 2: Integrierte Gesamtschule, Mainz-Bretzenheim

„Red Cat"

(5 Portionen)

400 ml	Apfelsaft
240 ml	Traubensaft
160 ml	Mineralwasser

Platz 3: Mathilde-Planck-Schule, Ludwigsburg

„Afrutada"

(5 Portionen)

80 ml	Bananensaft
160 ml	Traubensaft
100 ml	Apfelsaft
100 ml	Aprikosennektar
100 ml	Orangensaft
200 ml	Wasser

Die Zutaten jeweils miteinander mischen.

Frühstücksvorschläge
Selbst gebackenes Brot und Brötchen

Barbaras Möhrenbrötchen

(20 Brötchen)

500 g	Weizenvollkornmehl
200 g	Roggenvollkornmehl
1 Würfel	Hefe oder 2 Beutel Trockenhefe
2 ½ TL	Jodsalz
1 EL	Honig, 10 g
450–500 ml	lauwarmes Wasser oder Buttermilch
50 g	Rosinen
500 g	Möhren

Frische Hefe in etwas Wasser auflösen und das restliche Wasser
hinzufügen.
Jodsalz und Honig zugeben und nach und nach das Mehl. Trockenhefe kann direkt mit dem Mehl zum Wasser gegeben werden.
Gut durchkneten mit den Knethaken der Küchenmaschine.
15–20 Minuten gehen lassen.
Die fein geriebenen Möhren und die Rosinen zugeben.
Mit bemehlten Händen Brötchen formen und diese auf ein
gefettetes Backblech setzen.
Noch einmal 10 Minuten gehen lassen und anschließend in den
vorgeheizten Ofen geben. Etwa 20 Minuten backen.

Tipp
- Statt der Rosinen Sesam oder gehackte Nüsse zugeben.
- Statt Möhrenbrötchen ein Möhrenbrot backen: Dazu den Teig
  in zwei Kastenformen geben oder als Brotlaibe geformt auf
  das Backblech setzen. Etwa 45 Minuten backen.

• Gas: Stufe 4   • Strom: 220 °C   • Backzeit: 20 Minuten

Blitzbrot

(20 Scheiben)

400 g	Weizenvollkornmehl
100 g	Buchweizenmehl
80 g	Leinsamen
80 g	Sesam
80 g	Sonnenblumenkerne
500 ml	Wasser, lauwarm
1 Würfel	Hefe oder 2 Beutel Trockenhefe
2 TL	Jodsalz
2 EL	Obstessig, 20 g
1 EL	Rapsöl, 10 g
	evtl. Sesam oder Leinsamen
	zum Bestreuen der Form

Die Hefe im lauwarmen Wasser auflösen und mit den übrigen
Zutaten kräftig durchkneten. Trockenhefe kann direkt mit den
Zutaten gemischt werden.
Eine Kastenform fetten und nach Belieben mit Sesam oder
Leinsamen bestreuen.
Den Teig hineinfüllen, 30 Minuten gehen lassen und in den
vorgeheizten Backofen stellen. Bei etwa 200 °C ca. 60 Minuten
backen.

Tipp

- Das Weizenvollkornmehl kann durch Dinkelvollkornmehl
  ersetzt werden, das Buchweizenmehl durch Weizenmehl.
- Blitzbrot mit selbst gemachten Brotaufstrichen und kleinen
  Gemüsestückchen ist eine leckere Zwischenmahlzeit.

> • Gas: Stufe 3   • Strom: 200 °C   • Backzeit: 60 Minuten

Brötchen-Frösche

(8 Portionen)

8	Weizenvollkornbrötchen (gekauft oder nach Rezept ···> Seite 131)
4 EL	Butter oder Margarine zum Bestreichen der Brötchen, 40 g
8 Scheiben	Gouda (in der Größe des Brötchens, à 30 g)
8	Radieschenscheiben
1	Salatgurke etwas Magerquark und Petersilie

Die Vollkornbrötchen halbieren, mit Butter bestreichen.
Die untere Hälfte mit einer Scheibe Gouda belegen, die obere
Hälfte auflegen. Die Radieschenscheibe so zwischen die Brötchenhälften legen, dass sie wie eine kleine Zunge herausschaut.
Die Salatgurke schälen und in dicke Scheiben schneiden. Unter
jedes Brötchen zwei Scheiben legen, so dass sie wie Füße aussehen.
Auf die oberen Brötchenhälften aus Quark zwei Augen anbringen
und ein kleines Stück Petersilie hineinstecken.

Tipp Gut geeignet für Kindergeburtstage.

Rosinenbrötchen

(16 Brötchen)

150 g	Magerquark
6 EL	Milch, 1,5 % Fett, 90 ml
6 EL	Rapsöl, 60 ml
80 g	Zucker oder Honig
1 Prise	Vanillemark
2 Prisen	Jodsalz
300 g	Mehl (halb Vollkorn- und halb helles Mehl)
2 TL	Backpulver
80 g	Rosinen

Magerquark mit Milch, Öl, Zucker, Vanillemark und Jodsalz verrühren.

Mehl und Backpulver zugeben und zu einem geschmeidigen Teig kneten. Mit der Hand die Rosinen untermengen und den Teig zu einer Rolle formen.

In 16 gleich große Stücke teilen und zu Brötchen formen.

Auf ein gefettetes Backblech legen und im vorgeheizten Ofen auf der mittleren Schiene backen.

• Gas: Stufe 3   • Strom: 200 °C   • Backzeit: 15 Minuten

Schwarzbrot

(2 Brote, ca. 60 Scheiben)

500 g	Weizenvollkornmehl
250 g	Roggenschrot
300 g	Weizenschrot
50 g	Sonnenblumenkerne
100 g	Sesamkörner
50 g	Leinsamen
1 Liter	Buttermilch
1 ½ Würfel	frische Hefe oder 3 Päckchen Trockenhefe
175 g	Rübenkraut
1 ½ EL	Jodsalz, 20 g

Hefe in lauwarmer Buttermilch auflösen und zu den übrigen Zutaten geben. Trockenhefe kann direkt mit den Zutaten gemischt werden. Mit dem Mixer zu einem geschmeidigen Teig verarbeiten.

Zwei Kastenformen fetten und den Teig hineingeben. In den kalten Backofen stellen und bei 150 °C 2–2 ½ Stunden backen. Eventuell nach 1 Stunde mit Alufolie abdecken.

• Gas: Stufe 1   • Strom: 150 °C   • Backzeit: 2–2 ½ Stunden

Früchtebrot

(ca. 30 Scheiben)

600 g	säuerliche Äpfel (z. B. Boskop)
100 g	Zucker oder Honig
1 EL	Zitronensaft
200 g	Mandeln, ganz oder gehackt
200 g	Trockenobst, gemischt, klein geschnitten, z. B. Aprikosen, Pflaumen, Rosinen
400 g	Weizenvollkornmehl
1 Päckchen	Backpulver
½ TL	Zimt
1 Prise	Nelken
100 ml	Apfelsaft

Achtung:
Die Äpfel müssen am Vorabend geraspelt werden!

Die gewaschenen Äpfel grob raspeln, mit Zucker oder Honig und dem Zitronensaft vermischen und eine Nacht im Kühlschrank ziehen lassen.

Am nächsten Tag alle weiteren Zutaten zu den Äpfeln geben und gut durchmischen.

Eine Kastenform mit Backpapier auslegen und den Teig hineingeben. Hände benässen und Oberfläche glattstreichen.

In den kalten Backofen schieben und auf der zweiten Schiene von unten backen.

 **Tipp**

- Statt des schon fertig gemischten Trockenobstes können Sie auch Rosinen und/oder eigene Lieblingsmischungen nehmen.
- Für den Kindergeburtstag oder als kleines Mitbringsel können Sie den Teig auch in kleinen Formen backen. Je nach Größe der Formen verringert sich die Backzeit.

• Gas: Stufe 3   • Strom: 200 °C   • Backzeit: 45–60 Minuten

Weizenbrötchen

(ca. 20 Brötchen)

500 g	Weizenvollkornmehl
30 g	Hefe oder 1 ½ Beutel Trockenhefe
2 TL	Jodsalz, 10 g
350 ml	lauwarmes Wasser

Zum Bestreuen:
etwas Streumehl
Sesam, Sonnenblumenkerne, Haferflocken,
Kümmel, Mohn

Hefe im Wasser auflösen, Jodsalz zufügen und das Mehl einarbeiten. Trockenhefe kann direkt mit den Zutaten gemischt werden. Teig einige Minuten kneten (wenig Streumehl verwenden) und anschließend etwa 20 Minuten gehen lassen.
Während der Teigruhe den Backofen auf 250 °C vorheizen und eine Schüssel mit ¼ l kaltem Wasser in den Backofen schieben. Außerdem eine kleine Schüssel mit kaltem Wasser, einen Backpinsel, Streusamen und ein gefettetes Backblech bereitstellen.
Nach der Teigruhe den Teig nochmals kräftig durchkneten.
Aus dem Teig ein rechteckiges Stück formen und in fünf gleiche Teile schneiden.
Jedes Teil rund formen und vierteln. Brötchen formen, mit Wasser bestreichen und die Oberfläche in die Streusamen tauchen. Brötchen auf das vorbereitete Backblech setzen, nochmals 20 Minuten gehen lassen und anschließend backen.

Je länger der Teig geknetet wird, desto lockerer werden die Brötchen. Sie lassen sich sehr gut als Vorrat einfrieren.

Tipp

• Gas: Stufe 5   • Strom: 250 °C   • Backzeit: 15–30 Minuten

Brotaufstriche herzhaft

Basilikum-Tomaten-Aufstrich

(ca. 20 Portionen)

50 g	getrocknete Tomaten
200 g	Frischkäse
100 g	Magerquark
½ Bund	Basilikum
	Jodsalz, Pfeffer

Die Tomaten kurz mit kochendem Wasser überbrühen, damit sie weich werden.
Basilikum und Tomaten fein hacken, mit den übrigen Zutaten verrühren und mit den Gewürzen abschmecken.

Tipp Mit Joghurt oder Sahne verdünnt auch als Dip geeignet und köstlich zu Pellkartoffeln.

Eiercreme

(ca. 20 Portionen)

200 g	Frischkäse
3 EL	Gouda, gerieben, 30 g
125 g	Schmand
2	hart gekochte Eier
1 Bund	Schnittlauch
1 TL	Senf
	Jodsalz, Pfeffer

Frischkäse, Gouda und Schmand gut verrühren. Die fein gehackten Eier, den Senf und den gewaschenen und gehackten Schnittlauch unterrühren und mit Jodsalz und Pfeffer abschmecken.

- Wenn Sie es fettärmer haben wollen, nehmen Sie weniger Frischkäse und ersetzen Sie den Schmand durch Magerquark.
- Mit einigen Schnittlauchröllchen bestreuen.
- Mit Joghurt oder Sahne verdünnt auch als Dip geeignet.

Tipp

Feiner Kräuterquark

(ca. 20 Portionen)

250 g	Magerquark
250 g	Schmand
je 1 Bund	Petersilie und Schnittlauch oder Dill
	Pfeffer, Jodsalz

Quark und Schmand zu einer glatten Masse verrühren.
Kräuter waschen, fein hacken und unter den Quark rühren.
Mit Pfeffer und Jodsalz pikant abschmecken.

Wer auf die Kalorien achtet, kann anstatt Schmand auch Joghurt oder saure Sahne nehmen.

Tipp

Möhrenbutter

(ca. 20 Portionen)

200 g	Möhren
100 g	Butter, weich
50 g	Tomatenmark
1	Knoblauchzehe
	Jodsalz, Pfeffer
	Basilikum, gehackt
	evtl. etwas Öl

Die Möhren waschen, schälen und sehr fein reiben (fast püriert).
Mit den restlichen Zutaten mischen und pikant abschmecken.
Eventuell mit etwas Öl glatt rühren.

Schnelle Paprikacreme

(ca. 20 Portionen)

150 g	grüne Paprika
150 g	rote Paprika
100 g	Frischkäse
100 g	Magerquark
2 EL	Ajvar (Paprika-Auberginen-Paste)
	Jodsalz, Pfeffer

Die Paprika waschen und in kleine Würfel schneiden.
Die übrigen Zutaten verrühren, Paprika hinzugeben und mit
den Gewürzen abschmecken.

 **Tipp**   Mit Joghurt oder Sahne verdünnt auch als Dip geeignet.

Hinweis: Alle Brotaufstriche schmecken zu Vollkornbrot oder
Vollkornbrötchen, Kartoffel-Gemüse-Puffer (Rezept ····> Seite
168) oder Pellkartoffeln.

Brotaufstriche süß

Fruchtaufstrich ohne Zucker

(ca. **20** Portionen)

100 g	Erdbeeren
100 g	Himbeeren
100 g	getrocknete Aprikosen
2 EL	Rosinen, 30 g

Von den Erdbeeren das Grün abschneiden.
Erdbeeren und Himbeeren waschen und in einen Mixer geben.
Aprikosen in kleine Stücke schneiden und mit den Rosinen
ebenfalls in den Mixer geben.
2 Minuten mixen und in saubere Gläser füllen.
Im Kühlschrank etwa 2 Wochen haltbar.

Schmeckt auch gut als Fruchtmus in Naturjoghurt oder Quark. **Tipp**

Kalt gerührte Marmelade

(ca. **20** Portionen)

300 g	Obst, z. B. Erdbeeren, Sauerkirschen, Aprikosen, Pflaumen, Johannisbeeren
50 g	Zucker oder Honig
	evtl. Vanillemark, Zimt oder andere Gewürze

Früchte waschen, putzen und im Mixer fein pürieren. Zucker
oder Honig zugeben und mit den Gewürzen abschmecken.
In saubere Gläser füllen. Im Kühlschrank ist die Marmelade
etwa 2 Wochen haltbar.

Schmeckt auch gut als Fruchtmus in Naturjoghurt oder Quark. **Tipp**

Nuss-Nougat-Creme

(ca. 20 Portionen)

100 g	weiche Butter
100 g	gemahlene Nüsse, z. B. Haselnüsse oder Mandeln
2 EL	Kakaopulver, 10 g
1 EL	Honig, 10 g
1 MS	Vanille

Die Butter schaumig rühren, alle weiteren Zutaten zufügen und vermischen. Abschmecken und eventuell noch etwas Honig beigeben.

Tipp Dieser Aufstrich hält sich gut zwei Wochen. Direkt aus dem Kühlschrank ist er etwas hart. Daher etwa 30 Minuten vor dem Essen aus dem Kühlschrank holen.

Müslis

Fruchtmüsli (mit Grundrezept für eine Müslimischung)

(1 Portion)

3 EL	Müslimischung, 30 g
150 g	Obst nach Jahreszeit (1 bis 2 Stück)
150 g	Milch oder Joghurt, 1,5 % Fett

Die Müslimischung mit dem gewaschenen und zerkleinerten Obst und dem Milchprodukt verrühren – fertig ist das Müsli.

Tipp So kann die **Müslimischung** auf Vorrat selbst hergestellt werden, die Menge ergibt rund 35 Portionen:

500 g	Getreideflocken
	(Weizen, Hafer, Gerste, Hirse)
100 g	Sonnenblumenkerne
100 g	Leinsamen
100 g	Sesam
150 g	Rosinen
50 g	Kürbiskerne
	gehackte Nüsse nach Belieben
	Kokosflocken nach Geschmack

Die Zutaten mischen und in einer Vorratsdose aufbewahren.

Frischkornmüsli

(1 Portion)

2 EL	Weizen (oder Hafer, Gerste), 30 g
½	Apfel, 80 g
½	Banane, 60 g
50 g	Obst nach Geschmack und Jahreszeit
	(z. B. Pfirsiche, Erdbeeren, Apfelsinen)
100 g	Joghurt, 1,5 % Fett, oder Milch, Dickmilch,
	Kefir

Am Vorabend das Getreide schroten (grob mahlen).
Mit so viel Wasser verrühren, dass das ganze Getreide bedeckt
ist. Den Getreidebrei im Kühlschrank abgedeckt 5 bis 10 Stunden quellen lassen.
Kurz vor dem Essen den Apfel waschen und raspeln, die Banane
zerdrücken, das Obst klein schneiden und mit dem Joghurt zu
dem Getreidebrei geben und alles mischen.

Zusätzlich eignen sich auch Rosinen, Nüsse, Sonnenblumenkerne und Leinsamen.

Tipp

Knuspermüsli

(12 Portionen)

200 g	Haferflocken (kernig)
50 g	Sonnenblumenkerne
50 g	Kokosraspeln
50 g	Mandeln, gehackt
2 Msp.	Zimt
2 Msp.	Vanille, gemahlen
2 EL	Pflanzenöl, 20 g
1 EL	Honig, 10 g
100 g	Rosinen

Haferflocken mit Sonnenblumenkernen, Kokosraspeln und
Mandeln mischen.
Zimt und Vanille zufügen.
Öl und Honig in einer Pfanne erhitzen und kurz aufkochen.
Die Flockenmischung hineingeben und schnell verrühren, dann
ca. 5 Minuten goldgelb rösten. Die Rosinen zugeben und unter-
rühren; bei kleiner Hitze noch 5 Minuten mitrösten.
Müsli abkühlen lassen. In einem Schraubdeckelglas aufbewahren.
Je nach Geschmack später noch Obst der Saison sowie Milch,
Joghurt oder Kefir dazugeben.

Tipp
- Statt in der Pfanne kann man auch alles mit einigen EL
  Wasser mischen, 10 Minuten durchziehen lassen und auf
  einem Backblech unter mehrfachem Wenden bei 140 °C im
  Backofen ca. 30 Minuten gleichmäßig bräunen lassen;
  Rosinen erst hinterher zufügen.
- Anstelle von Haferflocken können auch Weizenflocken genom-
  men werden.
- Das Müsli hält sich im Schraubglas einige Wochen.

Salate und Salatsoßen
Salate

Bunter Bohnensalat mit Schafskäse

200 g	gekochte Bohnen (z. B. Kidneybohnen, weiße Bohnen)
700–800 g	Rohkost nach Jahreszeit (z. B. ½ Gurke, 2 Tomaten, 1 Paprika, ½ Eisbergsalat)
1	Zwiebel, 50 g
100 g	Schafskäse
2 EL	Olivenöl, 20 g
2 EL	Essig, 20 g
	Paprika, Pfeffer, Jodsalz

Das Gemüse waschen.
Gurke schälen und in Würfel schneiden. Paprika in Streifen
schneiden, Tomaten achteln, vom Eisbergsalat die Blattrippen
entfernen. Die Zwiebeln in feine Ringe, den Schafskäse in Würfel
schneiden.
Aus Öl, Essig und den Gewürzen eine Marinade bereiten.
Eine Schale mit den Eisbergsalatblättern belegen.
Die übrige Rohkost mit den Bohnen, den Zwiebeln, dem Schafskäse und der Marinade vermengen und auf dem Salat anrichten.

Dazu passt: Vollkornbrot, -brötchen

Tipp

Wer's milder mag, kann statt Schafskäse auch einen milderen
Käse, z. B. Gouda, nehmen.

Eisbergsalat mit Orangenstücken

1	kleiner Eisbergsalat, 400 g
2	Apfelsinen, 300 g
100 ml	Sahne
	Saft von ½ Zitrone
	Jodsalz, Pfeffer
1 EL	gehackte Sonnenblumenkerne, 10 g

Salat waschen und zerkleinern, grobe Blattrippen entfernen. Apfelsine in kleine Stücke schneiden. Aus Sahne, Zitronensaft und den Gewürzen eine Marinade bereiten und mit Eisbergsalat und Orangenstücken vermischen.

Tipp Anstelle von Apfelsinen eignen sich auch Birnen oder Erdbeeren, je nach Geschmack und Jahreszeit.

Grünkern-Salat

(6 Portionen)

200 g	Grünkern
300 ml	Wasser
	Gemüsebrühe für 300 ml
½ TL	Jodsalz
6 EL	Essig, 60 ml
6 EL	Rapsöl, 60 g
4 EL	frischer Thymian oder
	2 EL getrockneter Thymian
1	grüne Paprika, 200 g
1	rote Paprika, 200 g
2	Stangen Lauch, 400 g
2	rote Zwiebeln, 100 g
200 g	Bergkäse oder mittelalter Gouda
	frisch gemahlener Pfeffer

Den Grünkern 6 bis 10 Stunden in 300 ml Wasser einweichen.
Die Gemüsebrühe hinzugeben und die Körner etwa 10 Minuten
bei schwacher Hitze kochen.
Den Grünkern auf der ausgeschalteten Kochplatte 10 bis 20
Minuten quellen lassen (beim Gas- oder Induktionsherd etwas
länger kochen und dann nachquellen lassen).
Jodsalz, Essig und Öl verrühren und mit dem Thymian unter das
lauwarme Getreide geben.
Paprika und Lauch waschen. Paprikaschoten und Zwiebeln
würfeln, Lauch in sehr feine Streifen schneiden.
Den Käse grob reiben und zusammen mit dem Gemüse und
gemahlenem Pfeffer unter den Grünkern mischen.

Möhren-Apfel-Rohkost

	Saft von 1 Zitrone
1 EL	Honig, 10 g
4	Möhren, 400 g
4	saure Äpfel, 500 g
250 g	Dickmilch
	Jodsalz, Pfeffer

Saft einer Zitrone mit Honig verrühren.
Möhren schälen, Äpfel gründlich waschen, grob raspeln und
unter den Zitronensaft mischen.
Die Dickmilch über den Salat gießen und alles mit Jodsalz und
Pfeffer abschmecken.

Kartoffel-Gemüse-Salat

750 g	Kartoffeln
2	Zwiebeln, 100 g
1	kleine Salatgurke, 300 g
4	Tomaten, 400 g
1	grüne Paprika, 200 g
150 g	saure Sahne, 10 % Fett
150 g	Joghurt, 1,5 % Fett
1 EL	Essig, 10 g
1 TL	Senf
2–3 EL	gemischte Kräuter, 10–15 g
	Pfeffer, Paprika, Jodsalz

Kartoffeln als Pellkartoffeln garen, abpellen, in Scheiben schneiden.

Zwiebeln fein würfeln, Salatgurke schälen und in feine Scheiben schneiden, Tomaten und Paprika waschen, Tomaten achteln, Paprika in Würfel schneiden.

Aus saurer Sahne, Joghurt, Essig, Kräutern und Gewürzen eine Soße rühren und mit dem Gemüse und den Kartoffeln mischen.

Dazu passt: Vollkornbrot oder -brötchen, ergibt dann ein komplettes Abendessen

Tipp Auf die gleiche Art lässt sich auch ein **Nudel-Gemüse-Salat** zubereiten: Die Soße kann übernommen und das Gemüse variiert werden, z. B. zu 200 g Vollkorn-Spiralen-Nudeln (oder Bandnudeln) ca. ½ Eisbergsalat, 1 grüne Paprika und 200 g Erbsen (TK) geben.

Rohkostplatte Sommer

1	Kopfsalat, 200 g
1	Lollo rosso, 300 g
½	Gurke, 200 g
1	rote Paprika, 200 g
1	grüne Paprika, 200 g
2	Tomaten, 100 g

Bei Kopfsalat und Lollo rosso grobe Blattrippen entfernen und waschen, Gurke schälen und in Scheiben schneiden.
Paprika waschen und in Streifen schneiden.
Tomaten waschen und achteln.
Eine Platte mit den Salatblättern belegen, die übrigen zerkleinerten Gemüsearten in Gruppen darauf anrichten.

Dazu passt: Joghurt-Kräuter-Soße (---> Seite 145),
Rote Soße (---> Seite 147)

Rohkostplatte Winter

1	Endiviensalat, 300 g
4	große Möhren, 500 g
1	Chinakohl, 400 g

Endiviensalat waschen und in Streifen schneiden, Möhren schälen und grob raspeln, Chinakohl waschen und in Streifen schneiden. Alles auf einer Platte nett anrichten.

Dazu passt: Joghurt-Nuss-Soße (---> Seite 145)

Wer's kräftiger mag, kann einen Teil der Möhren durch Sellerie ersetzen.

Tipp

Rote-Bete-Salat

3–4	Rote Bete, 500 g frisch oder aus dem Glas
3	säuerliche Äpfel, 400 g
1 EL	Zitronensaft
150 g	Joghurt, 1,5 % Fett
	evtl. Jodsalz
1 EL	Sonnenblumenkerne, 10 g
	oder Haselnüsse, grob gehackt

Rote Bete waschen und etwa 45 Minuten bei geringer Hitze garen; schälen und in kleine Würfel schneiden. Bei roter Bete aus dem Glas diese auch nach Wunsch zerkleinern.

Äpfel waschen und raspeln, mit Zitronensaft beträufeln.

Mit Joghurt und roter Bete vermischen und je nach Geschmack mit Jodsalz würzen.

Die Sonnenblumenkerne oder Haselnüsse über die Rohkost streuen.

Salatsoßen

Joghurt-Kräuter-Soße

150 g	Joghurt, 1,5 % Fett
2 EL	Magerquark, 50 g
1 TL	Senf
3 EL	frisch gehackte Kräuter (Petersilie, Schnittlauch, Dill, Zitronenmelisse, Kerbel, Liebstöckel), 15 g
	Jodsalz, Pfeffer

Joghurt und Magerquark zu einer sämigen Soße verrühren.
Senf und gewaschene Kräuter zugeben und mit den Gewürzen
abschmecken.

Dazu passt: Alle Gemüsearten

Joghurt-Nuss-Soße

200 g	Joghurt, 1,5 % Fett
1 EL	Zitronensaft
2–3 EL	Petersilie oder Dill, 10–15 g
2–3 EL	Haselnüsse, gemahlen, 25 g

Joghurt mit Zitronensaft, gewaschenen Kräutern und Nüssen
verrühren.

Dazu passt: Möhren, Chicorée, Chinakohl, Eisbergsalat,
Endiviensalat, Staudensellerie, Blumenkohl

Körner-Soße

2 TL	Leinsamen
2 TL	Sesam
2 TL	Sonnenblumenkerne
2 EL	Essig, 20 g
3 EL	Rapsöl, 30 g
1 TL	Honig, 5 g
3 EL	Dickmilch, 60 g
	Jodsalz, Pfeffer

Leinsamen, Sesam und Sonnenblumenkerne trocken in einem Topf bei geschlossenem Deckel anrösten (sonst springen Sesamsamen und Leinsamen heraus) und abkühlen lassen.
Aus Essig, Öl, Honig, Dickmilch und den Gewürzen eine Marinade bereiten, die angerösteten Samen dazugeben.

Dazu passt: Fein geraspelter Weißkohl, Chinakohl, Kohlrabi und Möhren

Kräuter-Vinaigrette

1 EL	Rapsöl oder Olivenöl, 10 g
1 EL	Gemüsebrühe, 10 g
1 EL	Essig, 10 g
1 ½ TL	Senf
2 EL	gehackte Kräuter (z. B. Schnittlauch, Petersilie, evtl. Zitronenmelisse), 10 g
	Jodsalz, Pfeffer
	evtl. 1 zerdrückte Knoblauchzehe

Alle Zutaten gut verrühren.

Rote Soße

150 g	Joghurt, 1,5 % Fett
100 g	saure Sahne, 10 % Fett
1 EL	Tomatenmark, 15 g
1 EL	Essig, 10 g
1–2	Knoblauchzehen
1 TL	Dill oder Schnittlauch
	Pfeffer, Cayenne-Pfeffer
	evtl. Jodsalz

Joghurt und saure Sahne verrühren.
Knoblauch zerdrücken, die Kräuter waschen und hacken.
Tomatenmark, Essig, Knoblauch, Dill oder Schnittlauch zugeben.
Die Soße mit den Gewürzen pikant abschmecken.

Dazu passt: Alle Blattsalate, Tomaten, Gurken, Paprika

Tipp

Jede Soße kann auch auf Vorrat hergestellt werden. Hierfür jeweils die Zutaten vermischen und in einem gut verschlossenen Gefäß im Kühlschrank aufbewahren. Hält sich 3 bis 4 Tage.

Suppen

Blumenkohlcremesuppe

600 g	Blumenkohl
3	Zwiebeln, 150 g
1 EL	Rapsöl, 10 g
750 ml	Gemüsebrühe
100 ml	Sahne
	Jodsalz, Pfeffer, Muskat
	Schnittlauch
4 Scheiben	Vollkornbrot, 200 g
1 TL	Rapsöl, 5 g

Blumenkohl in Röschen teilen und kurz waschen. Zwiebeln würfeln und im Öl anbraten. Blumenkohl und Brühe zufügen und würzen. Im geschlossenen Topf 15 Minuten kochen und die Sahne zugeben. Suppe im Mixer oder mit dem Schneidstab pürieren. Mit gewaschenen Schnittlauchröllchen garnieren.
Brot würfeln und in einer Pfanne im Rapsöl anbraten.
Die Brotwürfel separat zur Suppe reichen.

Dazu passt: Gekochter oder roher Schinken in Würfeln

Erbsencremesuppe

250 g	gelbe Erbsen, geschält
1 ¼ l	Gemüsebrühe
100 g	Crème fraîche
	Jodsalz, Pfeffer, Muskat
1 EL	Rapsöl, 10 g
2 Scheiben	Weizenvollkornbrot, 100 g
	Schnittlauchröllchen

Erbsen in der Gemüsebrühe ca. 1 Stunde garen und dann pürieren. Crème fraîche und Gewürze zufügen und herzhaft abschmecken. Das in Würfel geschnittene Brot im Öl anbraten und zusammen mit den gewaschenen Schnittlauchröllchen zur Suppe servieren.

Tipp

- Statt mit Brotwürfeln mit trocken angerösteten Sesam- und Sonnenblumenkernen servieren.
- Wenn Sie die Erbsen einige Stunden einweichen, halbiert sich die Kochzeit.

Kartoffelsuppe

800 g	Kartoffeln
1 ½ l	Gemüsebrühe
1	Möhre, 100 g
1 Stange	Lauch, 150 g
100 g	Sellerie
2	Zwiebeln, 100 g
1 EL	Rapsöl, 10 g
100 ml	Sahne
	Jodsalz, Pfeffer

Kartoffeln schälen, waschen und würfeln. Das Gemüse waschen, zerkleinern und die Zwiebeln fein hacken.
Zwiebeln, Gemüse und Kartoffeln im Öl andünsten und mit der Gemüsebrühe auffüllen.
Suppe 15 bis 20 Minuten kochen und pürieren.
Mit den Gewürzen und der Sahne abschmecken.

Dazu passt: Forellenfilet oder ein kleines Würstchen

Bestreuen Sie die Suppe mit frischer Kresse.

Tipp

Maultaschensuppe

300 g	Maultaschen, mit Gemüse- oder Fleischfüllung
650 ml	Gemüsebrühe
3	Möhren, 300 g
	Schnittlauch
	Jodsalz, Pfeffer

Möhren schälen und in kleine Würfel oder Scheiben schneiden.
Die Maultaschen in die kochende Gemüsebrühe geben und die
Möhren zufügen. Alles etwa 10 Minuten bei kleiner Flamme
kochen.
Mit gewaschenem Schnittlauch und evtl. Jodsalz und Pfeffer
würzen.

Dazu passt: Vollkorn-Toastbrot oder -Brötchen

Tipp   In der Brühe klein geschnittene Frühlingszwiebeln oder Lauch
mitgaren.

Tomatensuppe

400 g	Tomaten
2	Zwiebeln, 100 g
1 EL	Rapsöl, 10 g
1 EL	Tomatenmark, 15 g
300 ml	Gemüsebrühe
½ TL	gehackte Rosmarinnadeln
½ TL	fein gehackter Thymian
1	Knoblauchzehe
	Jodsalz, Pfeffer
4 EL	Sahne, 60 ml
3 EL	Parmesankäse, gerieben, 30 g

Tomaten kurz mit kochendem Wasser abbrühen, enthäuten und
würfeln.
Zwiebeln fein hacken und in Öl glasig dünsten. Tomaten und
Tomatenmark zugeben und mitdünsten.
Gemüsebrühe, Kräuter, gepresste Knoblauchzehe zufügen und
10 Minuten garen.
Mit Jodsalz und Pfeffer abschmecken.
Vor dem Servieren Sahne unterrühren und mit Parmesankäse
bestreuen.

Tipp Die Suppe schmeckt auch sehr gut mit einer Reiseinlage. Dazu
ca. 100 g Naturreis garen und vor dem Servieren zugeben.

Aufläufe

Blumenkohl-Tomaten-Auflauf

1 kg	Kartoffeln
1	Blumenkohl, 1 kg
	Curry, Pfeffer, Jodsalz
1	Knoblauchzehe
	Muskat
3 bis 4	große Tomaten, 300 g
100 ml	Sahne
100 ml	Milch, 1,5 % Fett
100 g	Gruyère, gerieben (oder Emmentaler)

Kartoffeln als Pellkartoffeln garen, abkühlen, abpellen und in Scheiben schneiden.

Blumenkohl waschen, ganz in Salzwasser gar kochen und in eine gefettete, feuerfeste Form (Durchmesser ca. 28 cm) setzen. Die Kartoffeln schuppenförmig um den Blumenkohl legen und mit Curry, Pfeffer und Jodsalz würzen und mit gepresstem Knoblauch bestreuen. Blumenkohl mit Muskat bestreuen.

Die Tomaten vierteln und mit der Haut nach oben um den Blumenkohl legen, mit Jodsalz würzen.

Sahne mit Milch verrühren und über Blumenkohl, Tomaten und Kartoffeln gießen.

Alles mit Käse bestreuen und im Backofen überbacken.

Dazu passt: Gemischter Blattsalat

> • Gas: Stufe 3 • Strom: 200 °C • Backzeit: 30 Minuten

Brokkoli-Auflauf mit Möhren

500 g	Brokkoli
3	Möhren, 300 g
500 g	Kartoffeln
2 EL	Vollkornmehl (Weizen, Dinkel oder Reis), 20 g
250 ml	Gemüse-Kochwasser
250 ml	Milch, 1,5 % Fett
100 g	Käse, gerieben (z. B. mittelalter Gouda, Emmentaler)
	Jodsalz, Pfeffer, Muskat

Brokkoli waschen, die Röschen teilen und die Stiele in Scheiben schneiden. Möhren und Kartoffeln schälen und in dünne Scheiben schneiden.

Brokkoli, Möhren und Kartoffeln in kochendes Salzwasser geben, 5 Minuten kochen und abschütten. Dabei das Kochwasser auffangen und für die Soße weiterverwenden.

Das Mehl in der kalten Milch verrühren und 2 Minuten köcheln lassen. 250 ml Gemüse-Kochwasser hinzufügen und weitere 2 Minuten köcheln lassen. 50 g Käse hinzufügen, schmelzen lassen und mit den Gewürzen abschmecken.

Das Gemüse in eine flache Auflaufform geben, mit der Soße übergießen und den restlichen Käse darüberstreuen.

Im heißen Backofen auf der 2. Schiene von unten goldbraun überbacken.

Tipp

Der Auflauf schmeckt auch mit anderen Gemüsearten, z. B. Spinat, Paprika, Tomaten.

• Gas: Stufe 2   • Strom: 180 °C   • Backzeit: 20–30 Minuten

Bunter Nudelauflauf

250 g	Vollkornnudeln
250 g	Zucchini
3	Möhren, 300 g
300 g	Erbsen (TK)
3	Tomaten, 300 g
2	Eier
150 g	saure Sahne, 10 % Fett
100 ml	Milch, 1,5 % Fett
100 g	Gouda, gerieben
	Jodsalz, Pfeffer, Paprika, Thymian

Vollkornnudeln in Salzwasser garen, anschließend gut mit kaltem Wasser abspülen, damit sie nicht kleben.
Zucchini waschen, Möhren schälen und beides in Scheiben schneiden.
Zucchini, Möhren und Erbsen jeweils in wenig Wasser dünsten und mit Jodsalz würzen.
Tomaten waschen und in Scheiben schneiden.
Nudeln und Gemüse werden in eine gefettete Auflaufform geschichtet. Zuerst eine Schicht Nudeln, darauf Zucchini und Möhren, darauf wieder Nudeln, dann Erbsen, zuletzt die rohen Tomatenscheiben und eine Schicht Nudeln.
Aus Eiern, saurer Sahne, Milch, geriebenem Käse und den Gewürzen eine Soße rühren und über den Nudelauflauf gießen.

Tipp Die Gemüsearten können variiert werden; es kann auch eine ungeliebte Gemüseart ausgelassen und von den anderen entsprechend mehr genommen werden.

• Gas: Stufe 2   • Strom: 175 °C   • Backzeit: 30 Minuten

Kartoffel-Gemüse-Auflauf

500 g	Pellkartoffeln
400 g	Gemüse, z. B. Möhren, Brokkoli, Tomaten, Champignons, Zwiebeln
1 TL	Rapsöl, 5 g
	Jodsalz, Pfeffer

Für die Soße:

1 EL	Vollkornmehl, 10 g
250 ml	Milch, 1,5 % Fett
50 ml	Sahne
3 EL	Gouda, gerieben, 30 g
	Schnittlauch
	Jodsalz, Pfeffer, Muskat

Zum Bestreuen:

4 EL	Emmentaler, fein gerieben, 40 g
4 EL	Sesam (oder 2 EL Sonnenblumenkerne), 20 g

Kartoffeln als Pellkartoffeln kochen und abkühlen lassen, dann pellen und in Scheiben schneiden.

Möhren schälen und in Scheiben schneiden, Brokkoli waschen und in Röschen teilen. Beides etwa 10 Minuten dünsten.

Zwiebeln in Öl anbraten, gewaschene und in Scheiben geschnittene Champignons zufügen und goldgelb braten. Gewaschene und klein geschnittene Tomaten zugeben und kurz mitbraten. Zwiebel-Champignon-Tomatenmischung würzen und mit den Möhren, Brokkoli und Kartoffelscheiben in eine Auflaufform geben.

Für die Soße Vollkornmehl mit der kalten Milch verquirlen und 4–5 Minuten köcheln. Mit Sahne, geriebenem Gouda und den Gewürzen abschmecken und über die Kartoffel-Gemüse-Mischung geben.

Mit Emmentaler und Körnern bestreuen und im vorgeheizten Backofen backen.

• Gas: Stufe 3   • Strom: 200 °C   • Backzeit: 20 Minuten

Nudel-Spinat-Auflauf

200 g	Nudeln, z. B. Spiralen
800 g	Spinat (TK)
2	Knoblauchzehen
2–3	Tomaten, 150 g
1 EL	Rapsöl, 10 g
4	Zwiebeln, 200 g
250–300 ml	Milch, 1,5 % Fett
1 EL	Vollkornmehl, 10 g
	Gemüsebrühe
50 g	Käse, z. B. Gouda, Emmentaler, Bergkäse
	Jodsalz, Pfeffer
	evtl. Muskat

Nudeln kochen. Spinat auftauen lassen und mit Jodsalz, Pfeffer, evtl. Muskat und den klein geschnittenen Knoblauchzehen würzen. Tomaten waschen, klein schneiden und zum Spinat geben. Mehl in der kalten Milch glatt rühren. Zwiebeln im Öl bräunen, die Milch-Mehl-Mischung hinzugeben und 2 Minuten unter Rühren aufkochen. Mit Gemüsebrühe, Jodsalz, Pfeffer und Muskat würzen.

Nudeln und Gemüse in eine Auflaufform geben, die Zwiebel-Milch hinzufügen, den geriebenen Käse darüberstreuen und das Ganze im Backofen backen.

Dazu passt: Frischer Salat

Tipp

- 250 g Lachsfilet oder Rindergehacktes kurz anbraten, würzen und mit in den Auflauf geben.
- Dieser Auflauf schmeckt mit vielen verschiedenen Gemüsearten, z. B. Brokkoli, Blumenkohl, Lauch, Erbsen, Pilzen.
- Statt Nudeln Kartoffeln oder Reis verwenden.

• Gas: Stufe 2 • Strom: 180 °C • Backzeit: 20–30 Minuten

Rosenkohl-Auflauf

600 g	Rosenkohl
600 g	Kartoffeln
1 EL	Butter oder Margarine, 15 g
1 EL	Weizenvollkornmehl, 10 g
200 ml	Milch, 1,5 % Fett
	Muskat, Jodsalz
50 g	geriebener Käse, z. B. Gouda
	Fett für die Auflaufform

Rosenkohl putzen, waschen und in etwas Wasser bissfest dünsten.

Kartoffeln als Pellkartoffeln garen.

Weizenvollkornmehl in Butter oder Margarine anschwitzen, Rosenkohl-Kochwasser (ca. 50 ml) und Milch zugeben und zu einer sämigen Soße verrühren; kurz aufkochen lassen, mit Muskat und Jodsalz würzen.

Auflaufform einfetten.

Kartoffeln abpellen, in Scheiben schneiden und in die Auflaufform geben. Rosenkohl darauf schichten, ebenfalls mit Muskat und Jodsalz bestreuen. Darüber die helle Soße gießen.

Das Ganze mit geriebenem Käse bestreuen und im Backofen überbacken.

Dazu passt: Möhren-Apfel-Rohkost (····> Seite 141) oder ein gemischter Salat

Anstelle von Rosenkohl eignen sich Kohlrabischeiben oder Blumenkohl.

Tipp

• Gas: Stufe 3　• Strom: 200 °C　• Backzeit: 30 Minuten

Gemüse-, Hülsenfrüchte- und Getreidegerichte

Bunter Risotto

200 g	Naturreis
400 ml	Wasser
1	Zwiebel, 50 g
1 TL	Rapsöl, 5 g
2	Möhren, 200 g
150 g	Maiskörner
200 g	Erbsen, TK
2 EL	frische gehackte Kräuter, 10 g
½ TL	Curry
	Jodsalz
100 g	Frischkäse
50 g	Emmentaler

Den Reis in einem Sieb abspülen.

Die Zwiebel fein hacken und in heißem Öl glasig dünsten, Reis mit dem Wasser zugeben und alles bei kleiner Hitze ca. 25 Minuten kochen lassen.

Mais, Erbsen und die geschälten und grob geraspelten Möhren zu dem Risotto geben und noch 10 Minuten mitgaren.

Kräuter, Curry, Jodsalz und Frischkäse unter den Risotto rühren. Vor dem Servieren mit geriebenem Emmentaler bestreuen.

Dazu passt: Rohkostsalat, Gemüsespieße (⤏ Seite 161)

Eintopf mit Hülsenfrüchten

250 g	Hülsenfrüchte, z. B. Erbsen,
	weiße Bohnen
1 l	Wasser
500 g	Gemüse, z. B. Lauch, Möhren, Kohlrabi,
	Sellerie
2	Lorbeerblätter
	Gemüsebrühe
	Jodsalz, Pfeffer
	Essig
	Petersilie, Schnittlauch

Hülsenfrüchte am besten über Nacht in Wasser einweichen.
(Wenn Sie das Einweichen vergessen haben, kochen Sie die
Hülsenfrüchte kurz auf und lassen Sie sie dann für rund
1 Stunde quellen.)
Die Hülsenfrüchte mit den Lorbeerblättern rund 60–70 Minuten
kochen.
In der Zwischenzeit Gemüse waschen, klein schneiden, in den
Eintopf geben und 20 Minuten köcheln.
Mit der Gemüsebrühe, den Gewürzen, den gewaschenen Kräu-
tern und dem Essig abschmecken.

Tipp

- Uneingeweichte Hülsenfrüchte haben eine lange Garzeit. Im
  Schnellkochtopf reduziert sich die Garzeit etwa um die Hälfte,
  d. h., für Erbsen werden statt der 90–120 Minuten nur noch
  40–60 Minuten benötigt.
- Wenn es einmal schnell gehen muss, kaufen Sie bereits
  eingeweichte Hülsenfrüchte als Konserve. Achten Sie dabei
  auf die Zutatenliste!
- Linsen benötigen nur 30–60 Minuten Garzeit.
- Geschälte Hülsenfrüchte können ohne Einweichen gegart
  werden.

Gefüllte Zucchini

1 kg	kleine Zucchini
100 g	Weizenschrot (oder Dinkel- bzw. Grünkernschrot)
250 ml	Gemüsebrühe
1	Zwiebel, 50 g
1	Knoblauchzehe
50 g	Sonnenblumenkerne
1 TL	Rapsöl, 5 g
½ TL	Oregano
	Paprika, Pfeffer, Jodsalz
	Fett für die Auflaufform
50 g	Käse, gerieben

Zwiebel klein schneiden.

Zucchini waschen, halbieren und aushöhlen, in kochendem Wasser zwei Minuten blanchieren.

Inzwischen das Innere der Zucchini zerkleinern und mit der Zwiebel, der zerdrückten Knoblauchzehe und den Sonnenblumenkernen im Öl andünsten.

Weizenschrot zugeben und kurz mitdünsten. Mit den Gewürzen kräftig abschmecken.

Zucchini mit der Getreidemasse füllen und in eine gefettete, feuerfeste Form setzen, mit geriebenem Käse bestreuen und im Backofen ca. 30 Minuten überbacken.

Dazu passt: Naturreis, Tomatensoße (····› Seite 185)

Tipp 100 g Rindergehacktes anbraten, würzen und statt der Getreidemasse in die Zucchini füllen.

• Gas: Stufe 3   • Strom: 200 °C   • Backzeit: 30 Minuten

Gemüsespieße

800 g	Gemüse (Zucchini, Paprika, Champignons, Möhren)
	Pfeffer, Paprika, Jodsalz
1 EL	Rapsöl, 10 g

Die Gemüsearten in gleich große Stücke schneiden, waschen und abwechselnd auf Holzspieße stecken und mit Pfeffer, Paprika und wenig Jodsalz würzen.
Die Spieße in einer Pfanne in heißem Öl kurz anbraten und danach bei geschlossenem Deckel und mäßiger Hitze bissfest garen.

Dazu passt: Naturreis oder Vollkornbrötchen, Tomatensoße (⋯⟩ Seite 185), Zaziki (⋯⟩ Seite 166),
Kräuterquark (⋯⟩ Seite 133)

Tipp Die Spieße lassen sich im Sommer sehr gut anstelle von Fleisch-spießen grillen (dann das Gemüse mit etwas Öl bepinseln).

Grünkernbraten mit Tomatensoße

(6 Portionen)

200 g	Grünkernschrot
2 TL	Rapsöl, 10 g
1	Möhre, 100 g
1 Stange	Lauch, 150 g
625 ml	Gemüsebrühe
50 g	Mandeln, gemahlen
2	Eier
75 g	Gouda, gerieben
2 EL	Weizenvollkornmehl, 30 g
3 EL	Tomatenmark, 45 g
100 g	Schmand
	Jodsalz, Pfeffer, Paprika

Möhre schälen und würfeln. Lauch waschen, in feine Streifen schneiden.

1 TL Öl erhitzen und den Grünkernschrot darin andünsten. Das Gemüse hinzugeben, kurz mitdünsten und mit 375 ml Gemüsebrühe auffüllen. Zugedeckt bei geringer Hitze 20 Minuten ausquellen lassen.

Mandeln, Eier und Käse unter die Grünkernmasse mischen und alles mit Jodsalz und Pfeffer würzen.

Eine Auflaufform fetten und den Teig hineingeben. Auf der zweiten Einschubleiste von unten backen.

Für die Tomatensoße 1 TL Öl erhitzen, Mehl und Tomatenmark einrühren. Mit der restlichen Gemüsebrühe und dem Schmand auffüllen und 5 Minuten köcheln lassen.

Mit den Gewürzen abschmecken.

Dazu passt: (Pell-)Kartoffeln oder Nudeln und Brokkoli oder Blumenkohl

---

• Gas: Stufe 3 • Strom: 200 °C • Backzeit: 40–45 Minuten

Kidneybohnen-Eintopf

250 g	Kidneybohnen
750 ml	Wasser
2 EL	Gemüsebrühe
1 TL	Rapsöl, 5 g
2	Zwiebeln, 100 g
1	Möhre, 100 g
50 g	Lauch
1	grüne Paprika, 200 g
2 EL	Tomatenmark, 30 g
	Jodsalz, Paprika, Curry

Die Kidneybohnen waschen, über Nacht in Wasser in einem
großen Topf einweichen.
Am nächsten Tag Gemüsebrühe hinzugeben und etwa eine halbe
Stunde bei geringer Hitze garen.
Zwiebeln fein hacken, Möhren schälen und in feine Scheiben
schneiden. Lauch und Paprika waschen. Lauch in dünne Ringe
und Paprika in kleine Würfel schneiden. Das gesamte Gemüse
im Öl andünsten.
Alles zusammen in den Bohnentopf geben und weitere 15 bis 20
Minuten garen.
Zum Schluss das Tomatenmark unterrühren.

Dazu passt: Vollkornbrötchen (····≥ Seite 131)

Tipp

- Mit Schnittlauchröllchen und einem Klecks saurer Sahne
  garniert servieren.
- Wenn es schnell gehen muss, nehmen Sie fertig gegarte
  Kidneybohnen.

Weißer Bohneneintopf

(6 Portionen)

500 g	weiße Bohnen
2 EL	Wasser
300 g	Zwiebeln
300 g	rote Paprika
5	Knoblauchzehen
2 EL	Rapsöl, 20 g
3	Lorbeerblätter
1 TL	Rosmarin
300 g	Crème fraîche
60 g	Tomatenmark
	Jodsalz, Cayennepfeffer

Bohnen über Nacht in 2 Litern Wasser einweichen.
Zugedeckt 1 Stunde bei schwacher Hitze garen.
Zwiebeln schälen und in Längsspalten schneiden.
Paprika waschen und in Streifen schneiden.
Das Öl in einem großen Topf erhitzen und die Zwiebel- und
Paprikastreifen mit dem zerdrückten Knoblauch zugeben und
andünsten.
Mit Rosmarin, Salz und Cayennepfeffer kräftig würzen.
Die Bohnen mit dem Bohnenwasser zufügen. Crème fraîche und
Tomatenmark unterrühren und auf der untersten Schiene im
Backofen weitere 90 Minuten garen.

• Gas: Stufe 2 • Strom: 175 °C • Backzeit: 90 Minuten

Kartoffeln – pur bis Pommes

Backofenkartoffeln

700 g	Kartoffeln
1 EL	Rapsöl fürs Backblech, 10 g
	Kräutersalz

Nach Belieben:
Sesam, Rosmarin, gemahlene Haselnüsse

Backblech mit 1 TL Öl fetten.
Kartoffeln gründlich waschen und bürsten, halbieren und mit der Schnittfläche nach unten auf das Backblech setzen. Mit dem restlichen Öl bestreichen, mit Salz würzen.
Auf Wunsch mit Sesam, Rosmarin, Nüssen oder anderen Zutaten bestreuen.
Im Backofen rund 30 Minuten backen.

Tipp

Backofenkartoffeln schmecken auch am nächsten Tag gut als Bratkartoffeln oder im Kartoffel-Gemüse-Auflauf (⟶ Seite 155).

• Gas: Stufe 3 • Strom: 200 °C • Backzeit: 25–35 Minuten

Kartoffelfest mit Zaziki und Tricolore-Dips 🕐

(10 Portionen)

3 kg	festkochende Kartoffeln

Kartoffeln als Pellkartoffeln garen und pellen.

Zaziki

250 g	Magerquark
150 g	Joghurt, 1,5 % Fett
1	Salatgurke, 500 g
1 EL	Olivenöl, 10 g
2 EL	gehackte Kräuter (Schnittlauch, Kerbel, Liebstöckel)
1	Knoblauchzehe
	Jodsalz, Pfeffer
1 Prise	Chilipulver

Magerquark und Joghurt verrühren.
Die Salatgurke schälen und in die Quarkmasse raspeln.
Olivenöl, Kräuter und die zerdrückte Knoblauchzehe untermischen und mit den Gewürzen abschmecken.

Die Dips und das Zaziki zu den Kartoffeln servieren.

Dazu passt: Ein bunter Rohkostteller

Dips (Grundmasse)

500 g	Joghurt, 1,5 % Fett
500 g	Magerquark

Joghurt und Magerquark miteinander verrühren und für die weitere Zubereitung auf drei Schälchen verteilen.

Roter Dip

1 EL	Tomatenmark, 15 g
2 EL	Sahne, 30 ml
	Jodsalz, Pfeffer, Paprika, Honig

Ein Drittel der Grundmasse mit Tomatenmark und Sahne verrühren. Mit Pfeffer, Jodsalz und Paprika, evtl. etwas Honig abschmecken. Mit Paprikapulver bestreuen.

Kräuterdip

Je 1 Bund	Petersilie und Schnittlauch
	Jodsalz, Pfeffer

Petersilie und Schnittlauch waschen, klein schneiden und unter die Grundmasse im zweiten Schälchen mischen. Mit Jodsalz und Pfeffer abschmecken. Vor dem Servieren mit einem Zweig Petersilie garnieren.

Eierdip

2	hartgekochte Eier
2 TL	mittelscharfer Senf, 4 g
	Tabasco, Honig, Pfeffer

Die Eier würfeln und bis auf einen kleinen Rest zum Garnieren unter die Grundmasse geben. Mit Tabasco, Honig, Pfeffer und Senf abschmecken. Vor dem Servieren mit Ei garnieren und mit Pfeffer bestreuen.

Kartoffel-Gemüse-Puffer

750 g	Kartoffeln
1	Stange Lauch, 150 g
2	kleine Möhren, 150 g
2	Zwiebeln, 100 g
2	Eier
1 TL	Majoran oder Thymian
	Jodsalz
2 EL	Rapsöl zum Braten, 20 g

Kartoffeln und Zwiebeln schälen und fein reiben.
Möhren schälen und raspeln, Lauch waschen und in feine
Streifen schneiden.
Gemüse mit den Eiern und Gewürzen unterrühren.
Öl in einer Pfanne erhitzen und nach Belieben große oder kleine
Puffer goldbraun braten.

Dazu passt: Eine Rohkostplatte (····▷ Seite 143), Obstkompott

Kartoffelkuchen

2 EL	Weizenvollkornmehl, 20 g
100 ml	Milch, 1,5 % Fett
4	Eier
4	Zwiebeln, 200 g
700 g	Kartoffeln
	Schnittlauch
	Jodsalz, Pfeffer, Muskat
1 EL	Rapsöl, 10 g

Mehl mit Milch, dann mit den Eiern verquirlen und mit Jodsalz,
Pfeffer und Muskat würzen.
Zwiebeln pellen, in kleine Würfel schneiden und mit dem

gewaschenen und klein geschnittenen Schnittlauch zu der Eiermasse geben.

Kartoffeln schälen, grob reiben und schnell unter den Teig mischen. In einer großen Pfanne hieraus 2 Kartoffelkuchen mit je ½ EL Rapsöl braten. Die Kartoffelkuchen teilen und servieren.

Dazu passt: Frischer Salat

Wer es herzhaft mag, kann zum Kartoffelkuchen kurz gebratenen Frühstücksspeck essen.

Tipp

Kartoffelplätzchen mit Käse

(6 Portionen)

800 g	Kartoffeln
150 g	Weizenvollkornmehl, ganz fein gemahlen
100 g	Magerquark
2	Eier
50 g	Gouda, gerieben
3 EL	frische Kräuter, 15 g
1 EL	Rapsöl zum Braten, 10 g
	Jodsalz, Pfeffer, Muskat

Kartoffeln als Pellkartoffeln kochen, schälen und durch die Kartoffelpresse drücken. Mehl, Quark, Eier, Jodsalz, Pfeffer und Muskat zugeben und gut mischen. Zuletzt den Käse und die Kräuter unterziehen.

Kleine Küchlein formen und im heißen Fett auf beiden Seiten goldbraun backen.

Dazu passt: Fischfilet im Spinatbett, Tomatensoße

Die Kartoffelplätzchen schmecken auch gut mit einem pikanteren Käse, z. B. Emmentaler oder mittelalter Gouda, und lassen sich hervorragend einfrieren.

Tipp

Pommes selbstgemacht

(6 Portionen)

1,2 kg	Kartoffeln
½ TL	Kräutersalz
2 EL	Rapsöl, 20 g

Kartoffeln schälen (neue Kartoffeln müssen nur ordentlich
gewaschen und gebürstet werden), in 0,5 cm dicke Scheiben
schneiden und diese in 0,5 cm dicke Streifen. Die Kartoffelstäbe
in einer Schüssel mit Kräutersalz und Rapsöl mischen.
Den Backofen auf 200 °C einstellen.
Die Pommes auf ein mit Backpapier ausgelegtes Backblech
legen und in den Backofen (mittlere Höhe) einschieben.
Nach 25 Minuten das Backblech herausnehmen und die
Pommes mit einem Pfannenwender wenden, noch einmal
25 Minuten von der anderen Seite backen. Fertig.

• Gas: Stufe 3   • Strom: 200 °C   • Backzeit: 50 Minuten

Nudeln, Mais & Co. – von Pfannkuchen bis Pizza

Apfelpfannkuchen

(8 Stück, 2 pro Portion)

250 g	Weizenvollkornmehl
2	Eier
250 ml	Milch, 1,5 % Fett
250 ml	Wasser
3	Äpfel, 400 g
	Saft von ½ Zitrone
½ TL	Zimt
2 EL	Rapsöl zum Braten, 20 g

Weizenvollkornmehl mit Eiern, Milch und Wasser verrühren und 15 Minuten quellen lassen.
Äpfel gründlich waschen und in dünne Spalten schneiden. Mit Zitronensaft beträufeln und mit Zimt bestreuen.
Öl in einer mittelgroßen Pfanne, ca. 20 cm Durchmesser, erhitzen und den Teig portionsweise hineingeben.
Die Apfelspalten jeweils in den Teig drücken.
Bei mäßiger Hitze von der unteren Seite goldbraun backen, so dass auch die Oberfläche schon fest ist, dann wenden und fertig backen.

Tipp

- Etwas Honig oder Zucker auf den fertigen Pfannkuchen geben.
- Statt der Äpfel können Sie auch Pflaumen und Waldbeeren nehmen.

Getreide-Gemüse-Bratlinge

(12 Stück, 3 pro Portion)

100 g	Getreideschrot
400 ml	Gemüsebrühe
2	Lorbeerblätter
2	Eier
100 g	Möhren, geraspelt
100 g	Lauch (in Streifen)
4 EL	Weizenvollkornmehl, 40 g
1	Zwiebel, gehackt
	Jodsalz, Pfeffer
4 EL	Petersilie, gehackt, 20 g
2 EL	Rapsöl, 20 g

Getreideschrot (z. B. Grünkern, Weizen, Naturreis, Hirse) mit Lorbeerblättern in der Gemüsebrühe aufkochen und ca. 15–20 Minuten bei geringer Hitze ausquellen lassen. Dabei gut rühren. Eier, Mehl (oder Vollkornsemmelbrösel), Pfeffer, Salz, Möhren, Lauch und Petersilie untermengen. Pikant abschmecken. Die Masse abkühlen lassen.
Mit feuchten Händen etwa 12 Bratlinge formen oder mit einem Esslöffel kleine Häufchen in die Pfanne drücken. Erst wenden, wenn eine Seite goldgelb gebraten ist.

Dazu passt: Rohkostsalat

Tipp   Der Teig kann auch auf dem Backblech im Backofen bei 200 °C in 20 Minuten abgebacken werden. Kalt in Stücke schneiden.

Maisplätzchen

2	Eier
8 EL	Maismehl oder Weizenvollkornmehl, 80 g
½ TL	Koriander
2	Zwiebeln, 100 g
1 Stange	Lauch, 150 g
250 g	Maiskörner (z. B. TK-Ware, aus dem Glas oder der Dose)
2 EL	gehackte Petersilie, 10 g
	Jodsalz, Pfeffer
2 EL	Rapsöl zum Braten, 20 g

Die Eier mit dem Mehl verrühren, Koriander zugeben.
Zwiebel schälen und in Würfel schneiden. Lauch waschen und in
feine Ringe schneiden und alles mit dem Mais zum Teig geben.
Mit Jodsalz und Pfeffer würzen und zum Schluss die gewaschene
und gehackte Petersilie unterrühren.
Öl in einer Pfanne erhitzen, den Teig löffelweise hineingeben,
etwas flachdrücken und die Plätzchen von beiden Seiten goldbraun backen.

Dazu passt: Möhren-Apfel-Rohkost (⋯⟩ Seite 141) oder ein
gemischter Salat

Möhren-Kräuter-Tarte

(12 Stücke, 3 pro Portion)

100 g	Dinkel- oder Weizenvollkornmehl
50 ml	Rapsöl
100 g	geriebener Käse, z. B. mittelalter Gouda, Emmentaler oder Bergkäse
2	Zwiebeln, 100 g
2	Knoblauchzehen
3	Eier
	Jodsalz, Pfeffer
½ Bund	Petersilie oder 2 EL getrocknete oder tiefgekühlte Petersilie
1 Bund	Schnittlauch oder 4 EL getrockneter oder tiefgekühlter Schnittlauch
3	Möhren, 300 g

Mehl, Rapsöl, geriebenen Käse, klein geschnittene Zwiebeln, zerdrückte Knoblauchzehen, Eier, Gewürze und gewaschene Kräuter und geschälte und grob geraspelte Möhren zu einem Teig verrühren.

In eine gefettete Tortenform geben und in den kalten Backofen stellen.

Bei 160–170 °C rund 35–45 Minuten backen.

Tipp
- Die Möhren-Kräuter-Tarte schmeckt heiß und kalt.
- Statt der Möhren können auch Zucchini oder eine Mischung aus Möhren und Zucchini verwendet werden.

> • Gas: Stufe 2 • Strom: 160–170 °C • Backzeit: 35–45 Minuten

Nudeln mit Spinat

1 kg	Spinat (TK)
1 TL	Rapsöl, 5 g
2	Zwiebeln, 100 g
2	Knoblauchzehen
100 g	Schmand
100 ml	Gemüsebrühe
75 g	mittelalter Gouda, gerieben
	Muskat, Pfeffer, Jodsalz
250 g	Vollkornnudeln

Den Spinat gemäß Angabe zubereiten, Nudeln nach Anweisung kochen.

Fein gewürfelte Zwiebeln und die zerdrückten Knoblauchzehen im Öl dünsten. Schmand und Gemüsebrühe zufügen, kurz aufkochen lassen.

Den geriebenen Gouda zugeben und so lange rühren, bis sich der Käse aufgelöst hat. Die Käsesoße mit Muskat, Pfeffer und Jodsalz würzen.

Nudeln und Spinat in einer Schüssel vermischen, die Käsesoße darübergeben und servieren.

Probieren Sie das Rezept doch einmal mit **selbst gemachten Spätzle**. So wird's gemacht:

Tipp

400 g	Weizenvollkornmehl
4	Eier
125 ml	lauwarmes Wasser
	Jodsalz

Aus Mehl, Eiern, Wasser und Jodsalz einen glatten Teig rühren. 2 l Wasser zum Kochen bringen. Den Teig portionsweise durch die Spätzlepresse in das kochende Wasser geben und kurz aufkochen lassen. Herausnehmen und kurz kalt abschrecken. Im Backofen warm halten, bis alle Spätzle fertig sind.

Pizza

(8 Portionen)

Teig:

200 g	Magerquark
6 EL	Milch, 1,5 % Fett, 90 ml
6 EL	Rapsöl, 60 g
1	Ei
½ TL	Jodsalz
400 g	Weizenvollkornmehl
1 Päckchen	Backpulver
	Öl zum Fetten des Backblechs

Belag:

150 g	Tomatensoße zum Bestreichen (⸱⸱⸱⟩ Seite 185)
1 kg	gemischtes Gemüse (z. B. Zucchini, Paprika, Tomaten, Champignons, Blattspinat)
3–4	dicke Zwiebeln, 400 g
2	Knoblauchzehen
1 TL	Rapsöl, 5 g
je 1 TL	Oregano und Majoran
	Jodsalz, Pfeffer
150 g	Käse, gerieben (z. B. Gouda)

Magerquark, Milch, Ei, Öl und Jodsalz verrühren und mit dem Weizenvollkornmehl und dem Backpulver einen glatten Quark-Öl-Teig bereiten und ca. 15 Minuten ausquellen lassen.

Den Teig auf einem gefetteten Backblech ausrollen. Klebt der Teig, kann man noch etwas Weizenvollkornmehl zugeben.

Für den Belag das Gemüse waschen und zerkleinern (Scheiben, Streifen, Würfel), Zwiebeln schälen und in Scheiben schneiden und mit den zerdrückten Knoblauchzehen in heißem Öl andünsten. Feste oder auch sehr wasserreiche Gemüsestücke können kurz mitgedünstet werden (z. B. Zucchini, Champignons).

Die Gewürze zugeben und pikant abschmecken.

Tomatensoße und die Gemüsemischung auf dem Teig verteilen und die rohen Gemüsestücke (z. B. Tomatenscheiben, Paprikastreifen) dazugeben. Die Pizza mit geriebenem Käse bestreuen und im Backofen backen.

> • Gas: Stufe 3 • Strom: 200 °C • Backzeit: 20–25 Minuten

Polenta

(6 Portionen)

350 ml	Milch, 1,5 % Fett
450 ml	Gemüsebrühe
½ TL	Jodsalz
	Muskat
2 EL	Butter, 20 g
150 g	Maisgrieß

Milch, Gemüsebrühe, Jodsalz, Muskat und Butter aufkochen lassen.
Vom Herd nehmen und den Maisgrieß mit einem Schneebesen einstreuen. Auf der Kochplatte bei kleiner Hitze etwa 5 Minuten unter häufigem Rühren quellen lassen.
Den Brei sofort servieren.

Dazu passt: Tomatensoße, Pilzragout (····> Seite 184)

Tipp

• Den frischen Brei in eine gefettete Kastenform geben oder auf ein gefettetes Backblech streichen. Mit einem nassen Löffel die Oberfläche glatt streichen. Erkalten lassen. In Scheiben oder Stücke schneiden. In der Pfanne gebraten schmeckt die Polenta zu verschiedenen Soßen.
• Polenta hält sich im Kühlschrank 3–4 Tage

Pizza-Pfannkuchen

100 g	Vollkornmehl (Weizen oder Dinkel)
125 ml	Milch, 1,5 % Fett
2	Eier
1 TL	Rapsöl, 5 g
4	Zwiebeln, 200 g
300 g	Tomatenpüree
4	Tomaten, 200 g
200 g	Champignons
1	gelbe Paprika, 200 g
1	Knoblauchzehe
75 g	Käse, gerieben (z. B. Gouda)
	Jodsalz, Pfeffer, Paprika, Oregano

Aus Mehl, Milch, Eiern und einer Prise Jodsalz einen glatten Pfannkuchenteig rühren. Den Backofen auf 200 °C vorheizen.
Die gewürfelten Zwiebeln im Öl goldgelb braten und das Tomatenpüree zufügen. Auf kleiner Flamme einige Minuten köcheln lassen und mit Jodsalz, Pfeffer und Paprika würzen.
Die gepresste Knoblauchzehe hinzufügen.
Gemüse waschen. Tomaten und Champignons in Scheiben und die Paprika in kleine Würfelchen schneiden.
Den Pfannkuchenteig auf ein mit Backpapier ausgelegtes Backblech geben und verteilen. 4–5 Minuten vorbacken.
Backblech aus dem Ofen nehmen und mit dem Tomatenpüree, dem klein geschnittenen Gemüse und dem geriebenen Käse belegen.
Mit Oregano würzen und für weitere 5–7 Minuten in den Backofen geben.
In vier Teile schneiden und servieren.

Dazu passt: Frischer Salat

• Gas: Stufe 3 • Strom: 200 °C • Backzeit: insg. 9–12 Minuten

Spinat-Pfannkuchen-Rollen

Für die Pfannkuchen:

125 g	Vollkornmehl (Weizen oder Dinkel)
125 ml	Milch, 1,5 % Fett
2	Eier
1 Prise	Jodsalz
1 Prise	Zucker
1 EL	Rapsöl, 10 g

Für die Füllung:

450 g	Spinat (TK)
2	Tomaten, 100 g
2	Zwiebeln, 100 g
1 TL	Rapsöl, 5 g
1	Knoblauchzehe
	Jodsalz, Pfeffer, Muskat

Für die Soße:

300 ml	Milch, 1,5 % Fett
1 EL	Vollkornmehl (Weizen, Dinkel oder Reis), 10 g
	Gemüsebrühe, Jodsalz, Pfeffer

Aus den Pfannkuchenzutaten einen glatten Teig rühren und mindestens 30 Minuten ruhen lassen.

In einer beschichteten Pfanne 8 dünne Pfannkuchen backen. Den Spinat auftauen lassen. Tomaten waschen, Zwiebeln schälen und beides klein schneiden. Zwiebelwürfel in 1 TL Öl anbraten, Tomatenwürfel und aufgetauten Spinat zugeben und mit den Gewürzen und der Knoblauchzehe abschmecken.

Für die Soße das Mehl mit der Milch verrühren und rund 5 Minuten köcheln lassen. Mit den Gewürzen abschmecken.

Jeden Pfannkuchen mit Spinatmasse belegen, aufrollen und in eine Auflaufform legen. Anschließend mit der Soße bedecken und in den Backofen geben.

• Gas: Stufe 3 • Strom: 200 °C • Backzeit: 15 Minuten

Soßen für Aufläufe, Kartoffeln, Nudeln, Polenta ...

Grundsoße

(6 Portionen)

2	Zwiebeln, 100 g
2–3 EL	Vollkornmehl
	(Weizen, Dinkel oder Reis), 20–30 g
750 ml	Flüssigkeit, z. B. Milch, Gemüsebrühe
	Jodsalz, Pfeffer, Muskat
	weitere Gewürze und Kräuter nach Wahl:
	Dill, Schnittlauch, Senf, Paprika, Curry

Geschälte und fein gewürfelte Zwiebeln und Vollkornmehl ohne Fett in einem Topf rösten, bis es nussig duftet.
Flüssigkeit unter Rühren vollständig zugeben und bei kleiner Hitze 4–5 Minuten köcheln lassen.
Nach Geschmack würzen.

Diese Soße kann verwendet werden für gekochte Gemüse, Aufläufe oder auch als Soße für Nudeln oder Reis. Wird sie für Nudeln oder Reis verwendet, können z. B. Erbsen oder gebratene Pilze hineingegeben werden.

Tipp
- Mit Reismehl (Bioladen oder Reformhaus) schmeckt die Grundsoße eher neutral und nicht nussig.
- Die Grundsoße hält sich im Kühlschrank mindestens 3 Tage.
- Ist die Soße zu dickflüssig, noch Flüssigkeit hinzufügen.
- Ist die Soße zu dünn, noch etwas Mehl in kalter Flüssigkeit verrühren und mit der bereits vorhandenen Soße 2 Minuten aufkochen.

Erbsensoße

1 EL	Rapsöl, 10 g
½ Bund	Lauchzwiebeln
250 ml	Gemüsebrühe
100 ml	Sahne
	Jodsalz, Pfeffer
300 g	Erbsen (TK)

Lauchzwiebeln in feine Ringe schneiden.
Öl erhitzen, Lauchzwiebeln darin andünsten.
Gemüsebrühe und Sahne zugießen, etwas einkochen und mit
Jodsalz und Pfeffer würzen.
Erbsen zugeben und bei schwacher Hitze 10 Minuten garen.

Dazu passt: Vollkornnudeln, Vollkornreis, Kartoffeln, Bratlinge
(····⋗ Seite 172)

Tipp

* Wer die Soße etwas sämiger möchte, kann sie mit 1 TL Weizen-
  vollkornmehl andicken.
* Als pürierte Soße lässt sich hier viel Gemüse „verstecken".
* Statt Erbsen andere Gemüse verwenden, z. B. Möhren, Lauch,
  Brokkoli, Blumenkohl, Spinat, Paprika.

Gemüsebolognese

2	Zwiebeln, 100 g
300 g	Champignons
1	Möhre, 100 g
200 g	Zucchini
1 Stange	Lauch, 150 g
1 EL	Rapsöl, 10 g
250 ml	Gemüsebrühe
2	Knoblauchzehen
75 g	Tomatenmark
250 g	Tomatenstücke aus der Dose
	Jodsalz, Pfeffer, Paprika, Curry, Oregano

Zwiebeln schälen, Gemüse waschen. Alles in kleine Würfel schneiden. Zwiebeln mit Champignons anbraten, bis die Flüssigkeit verdampft ist. Übriges Gemüse zugeben und mit andünsten. Gemüsebrühe und zerdrückte Knoblauchzehen zufügen und 15–20 Minuten unter gelegentlichem Rühren garen.
Zum Schluss Tomatenmark, Tomatenstücke und Gewürze zugeben und herzhaft abschmecken.

Dazu passt: Nudeln, Reis oder Kartoffeln

**Tipp** Die Gemüsebolognese schmeckt auch lecker mit anderen Gemüsen, z. B. Paprika, Auberginen, Erbsen, Mais.

Käsesoße

3 EL	Butter oder Margarine, 30 g
3 EL	Vollkornmehl, 30 g
250 ml	Milch, 1,5 % Fett
250 ml	Wasser
100 g	geriebener Käse (z. B. Gouda)
	Jodsalz, Pfeffer

Butter oder Margarine erhitzen, Vollkornmehl auf einmal hinzugeben, anschwitzen und langsam mit Milch und Wasser auffüllen und aufkochen. Dabei kräftig rühren.
Den geriebenen Käse dazugeben und unter geringer Wärmezu-
fuhr langsam schmelzen. Mit Jodsalz und Pfeffer abschmecken.

Dazu passt: Nudeln

Tipp

Anstelle von geriebenem Käse kann auch Frischkäse genommen
werden.

Möhrensoße

5	Möhren, 500 g
1 EL	Rapsöl, 10 g
200 ml	Gemüsebrühe
3 EL	Sahne, 30 ml
	Jodsalz, Pfeffer
1 Prise	Zucker

Möhren schälen, in Scheiben schneiden und im heißen Öl andünsten. Mit Zucker und Jodsalz würzen. Gemüsebrühe dazu-
gießen und zugedeckt etwa 10–20 Minuten kochen.
Die Soße im Mixer oder mit dem Pürierstab pürieren. Sahne
unterrühren und noch einmal mit den Gewürzen abschmecken.

Dazu passt: Gedünstetes Gemüse, Nudeln oder Reis, aber auch
gebratenes Fleisch und Fisch

Pilzragout

4	Zwiebeln, 200 g
500 g	Champignons
1 TL	Rapsöl, 5 g
2 EL	Vollkornmehl, 20 g
100 g	Sahne oder Crème fraîche
100 ml	Gemüsebrühe
	Jodsalz, Pfeffer, Thymian oder Oregano
	Schnittlauch

Zwiebeln schälen und würfeln, Champignons waschen und in Scheiben schneiden.
Zwiebeln im Öl anbraten, Champignons zugeben und kurz mitbraten.
Mit dem Mehl bestäuben, Sahne und Gemüsebrühe zugeben und etwa 10 Minuten bei kleiner Hitze garen.
Mit Jodsalz, Pfeffer und Thymian oder Oregano abschmecken.
Nach Geschmack mit gewaschenem Schnittlauch bestreuen.

Dazu passt: Polenta, Nudeln, Reis, Kartoffelplätzchen oder Kartoffelklöße

Tipp Wenn Sie die Champignons gebräunt haben möchten, muss die Pfanne heiß sein und die Pilze dürfen erst gewendet werden, wenn sie auf der unteren Seite schon die gewünschte Farbe haben. Wer möchte, kann dem Gericht mit Pfifferlingen, Steinpilzen oder ähnlichen Pilzen eine besondere Note geben.

Tomatensoße

600 g	Tomaten
1 EL	Rapsöl, 10 g
2	Zwiebeln, 100 g
1 EL	Tomatenmark, 15 g
1	Knoblauchzehe
	Jodsalz, Basilikum, Oregano, Pfeffer

Tomaten kurz mit kochendem Wasser überbrühen, enthäuten und würfeln.
Öl erhitzen, geschälte und gewürfelte Zwiebeln darin dünsten.
Tomatenwürfel und Tomatenmark zugeben, aufkochen lassen.
Mit Knoblauch und den Gewürzen pikant abschmecken.

Dazu passt: Bratlinge, Nudeln, Reis

Tipp

- Diese Soße kann auch für Pizzas, Lasagne und gefüllte Zucchini verwendet werden.
- Anstelle von frischen Tomaten können Sie auch geschälte oder stückige Tomaten aus der Konserve oder dem Tetrapack nehmen.

Fischgerichte

Fischburger

(10 Portionen)

	Fischfrikadellen:
400 g	Fischfilet, z. B. Seelachs
2	altbackene Vollkornbrötchen
	Wasser zum Einweichen
1	Zwiebel, 50 g
1 Bund	Dill
2	Eier
	Jodsalz, Pfeffer
3 EL	Weizenvollkornmehl zum Bestäuben, 30 g
1 EL	Rapsöl zum Braten, 10 g
10	Vollkornbrötchen (vom Bäcker oder nach Rezept ····≯ Seite 131)

	Soße:
200 g	Crème fraîche
1 EL	Essig, 10 g
	Jodsalz, Pfeffer
	Zitronensaft
2 EL	gehackter Dill, 10 g
	evtl. etwas Honig

	Zum Garnieren:
	Salatblätter, Tomaten, Gewürzgurken

Die 2 Vollkornbrötchen in Wasser einweichen und ausdrücken.
Den Fisch in Stücke schneiden und mit den Brötchen und den
anderen Zutaten in der Küchenmaschine oder mit einem Pürierstab pürieren.
Mit bemehlten Händen 10 flache Frikadellen formen, in Mehl
kurz wenden und im heißen Öl von jeder Seite 5 Minuten braten.

Für die Soße alle Zutaten miteinander glatt verrühren.

Für die Burger die frischen Vollkornbrötchen aufschneiden, beide Hälften mit der Soße bestreichen, mit Garnitur belegen, die Fischfrikadellen darauf legen und die Brötchen zuklappen.

Übrig bleibende Frikadellen einfrieren.

Tipp

Fischfilet im Spinatbett

800 g	Seelachsfilet oder Heilbutt aus dem Pazifik
	Saft einer ½ Zitrone
	Jodsalz, Pfeffer
600 g	Spinat (TK)
	Muskat, Jodsalz
100 g	Crème fraîche
50 ml	Milch, 1,5 % Fett
1 EL	Parmesankäse, gerieben, 10 g

Seelachsfilet mit Zitronensaft beträufeln, mit Jodsalz und wenig Pfeffer würzen.

Spinat auftauen, in eine feuerfeste Form geben und mit Muskat und Jodsalz würzen.

Das Seelachsfilet auf den Spinat legen.

Crème fraîche, Milch und Parmesankäse verrühren, mit wenig Jodsalz würzen und über das Fischfilet streichen.

Im Backofen überbacken.

Dazu passt: Kartoffeln oder Kartoffelpüree, Salat

• Gas: Stufe 3   • Strom: 200 °C   • Backzeit: 15 Minuten

Fischfilet in Paprika

(6 Portionen)

500 g	rote Paprika
500 g	gelbe Paprika
500 g	Zwiebeln
1 EL	Butter, 10 g
1 EL	Edelsüßpaprika
½ TL	Rosenpaprika
	Jodsalz, Pfeffer
2 Bund	Schnittlauch
100 g	saure Sahne, 10 % Fett
1 kg	Seelachsfilet oder Seehecht
2 EL	Zitronensaft

Paprika waschen, halbieren, Kerne entfernen und würfeln.
Zwiebeln abziehen, halbieren und in feine Scheiben schneiden.
Zwiebeln und Paprika in zerlassener Butter andünsten. Würzen
und etwa 5 Minuten weiterdünsten.
Schnittlauch waschen, in Röllchen schneiden und mit saurer
Sahne unter das Gemüse geben.
Das Gemüse in eine gefettete Auflaufform füllen.
Fischfilet abspülen, mit Zitronensaft beträufeln und mit Salz
bestreuen.
Mit einem Löffel eine Mulde in das Gemüse drücken, Fisch
hineinlegen und mit Gemüse bedecken.
Im Backofen garen.

Dazu passt: Naturreis

**Tipp**

Statt Paprika kann auch Lauch (gleiche Menge) genommen
werden.

• Gas: Stufe 3　• Strom: 200 °C　• Backzeit: 25–30 Minuten

Schlemmerfilet

50 g	Semmelbrösel oder ein altes Brötchen
je 100 g	rote und gelbe Paprika
1 EL	Rapsöl, 10 g
	Petersilie oder Schnittlauch
	Jodsalz, Pfeffer
800 g	Seelachs oder Seehecht
2 EL	Zitronensaft
1 TL	Rapsöl für das Backblech, 5 g

Paprika waschen und in kleine Würfel schneiden.
Semmelbrösel oder ein eingeweichtes Brötchen, Paprika, Öl,
Gewürze und Kräuter zu einer glatten Masse vermengen.
Fischfilets trocken tupfen und mit Zitronensaft beträufeln.
Eine Auflaufform fetten, den Fisch hineingeben und mit der
Paprika-Brösel-Masse bestreichen.
Bei 200 °C etwa 15 Minuten backen. In den letzten 3–4 Minuten
den Backofengrill anstellen.

Dazu passt: Frischer Salat und Backofenkartoffeln
(⤳ Seite 165)

Statt der Paprika und der Kräuter 4 EL körnigen Senf und 1–2 EL   **Tipp**
Honig verwenden.

• Gas: Stufe 3   • Strom: 200 °C   • Backzeit: 15 Minuten

Seelachsfilet an Tomaten

800 g	Alaska-Seelachs
	Saft einer Zitrone
	Jodsalz, Pfeffer
1 EL	Rapsöl, 10 g
500 g	Tomaten
1	Zwiebel, 50 g
	Paprika, Rosmarin
4	Zitronenscheiben
1	Petersiliensträußchen

Tomaten auf Wunsch kurz mit kochendem Wasser überbrühen und häuten, grob würfeln.
Fischfilet mit Zitronensaft beträufeln, mit Jodsalz und Pfeffer würzen.
Zwiebeln schälen und fein würfeln.
Öl in einer Pfanne erhitzen und das Rotbarschfilet bei mittlerer Hitze von beiden Seiten darin braten.
Fischfilet aus der Pfanne nehmen und warm stellen.
Zwiebelwürfel in der Pfanne andünsten, Tomatenstücke zugeben und beides bei geschlossenem Deckel 5 Minuten dünsten.
Mit Paprika, Rosmarin, Pfeffer und Jodsalz würzen.
Das Tomatenragout in eine flache Schale geben, das Fischfilet darauf legen und mit Zitronenscheiben und Petersilie garnieren.

Dazu passt: Reis oder Risotto, Kartoffeln, Blattsalat oder
Gemüse (z. B. Brokkoli)

Fleischgerichte

Geflügel-Champignon-Pfanne

400 g	Champignons
4	Zwiebeln, 200 g
1 EL	Rapsöl, 10 g
200 g	Hähnchenbrustfilet oder Putenbrust
200 ml	Gemüsebrühe
50 ml	Sahne
1 EL	Vollkornmehl
	Jodsalz, Pfeffer, Paprika
	Thymian oder Oregano

Champignons waschen und in Scheiben schneiden.
Zwiebeln schälen und fein würfeln und in ½ EL Öl dünsten.
Champignons zu den Zwiebeln geben und goldgelb anbraten.
Zwiebel-Champignons-Gemisch in einen Topf geben.
Das Fleisch klein würfeln und im restlichen Öl anbraten,
würzen und in den Topf zu den Champignons geben.
Mit Gemüsebrühe und Sahne auffüllen und nach Wunsch mit
dem Mehl andicken. Dazu das Mehl in 50 ml kaltem Wasser an-
rühren und zum Fleisch geben.
Noch einmal mit den Gewürzen abschmecken.

Dazu passt: Reis, Nudeln oder Kartoffeln und ein frischer Salat

Statt der Sahne 3 EL Tomatenmark an das gebratene Fleisch
geben, mit der Gemüsebrühe auffüllen und weiter nach Rezept
verfahren.

Tipp

Gulasch mit Gemüse

300 g	Schnitzelfleisch vom Schwein, Putenfleisch oder Hähnchenbrust
1 EL	Rapsöl, 10 g
4	Zwiebeln, 200 g
2	Paprika, 400 g
1 EL	Vollkornmehl, 10 g
300 ml	Gemüsebrühe
	Jodsalz, Pfeffer, Paprika

Fleisch in kleine Würfel schneiden und im Öl anbraten. Geschälte und klein gewürfelte Zwiebeln zufügen und leicht bräunen.
Paprika waschen und in Würfel oder Streifen schneiden und zufügen. Kurz mit andünsten und mit Mehl bestäuben, rühren und dann die Gemüsebrühe und die Gewürze zufügen.
Ein Geflügelgulasch ist nach rund 20 Minuten fertig. Wird Schweinefleisch verwendet, dauert es etwas länger, bevor das Fleisch schön zart ist.

Dazu passt: Nudeln oder Kartoffeln und Tomatensalat

Tipp
- Das Gulasch schmeckt auch mit anderem Gemüse gut, z. B. Zucchini, Champignons, Möhren oder einer Gemüsemischung.
- Sie können auch die Fleischmenge weiter reduzieren und dafür die Gemüsemenge erhöhen.

Hähnchengulasch in Tomatensoße

400 g	Hähnchenbrustfilet
1 EL	Rapsöl, 10 g
2	Zwiebeln, 100 g
2 EL	Vollkornmehl, 20 g
2 EL	Tomatenmark, 30 g
250 ml	Gemüsebrühe
1 Bund	Schnittlauch
150 g	Crème fraîche
	Jodsalz, Pfeffer

Hähnchenfleisch in feine Streifen schneiden und im heißen Öl anbraten.

Zwiebeln schälen, klein schneiden und zum Fleisch geben. Mit Jodsalz und Pfeffer würzen, Mehl darüberstäuben und kurz anschwitzen.

Das Tomatenmark und die Gemüsebrühe zugeben und 5 Minuten kochen lassen.

Schnittlauch und Crème fraîche unterrühren.

Dazu passt: Grüne Bandnudeln und frischer Salat

Paprika-Frikadellen

(8 Stück, 2 pro Portion)

250 g	farbig gemischte Paprika
4	Zwiebeln, 200 g
400 g	Rindergehacktes
1	Ei
1	altbackenes Brötchen oder 50 g Paniermehl
1 TL	Senf
	Jodsalz, Pfeffer, Paprika
	nach Geschmack: Oregano
1 EL	Rapsöl, 10 g

Paprika waschen, Zwiebeln schälen. Beides in sehr kleine Würfel schneiden und mit den übrigen Zutaten zu einem glatten Teig verrühren.

Mit feuchten Händen 16 kleine Bällchen formen und im Öl von jeder Seite etwa 5 Minuten braten.

Dazu passt: Reis und ein frischer Salat.
Als Soße für den Reis kann die Grundsoße
(····→ Seite 180) serviert werden, in die klein gewür-
felte Paprika und Champignons gegeben wurden.

Tipp

- Möhren-Frikas: Statt der Paprika können auch klein geriebene Möhren zum Rindergehackten gegeben werden.
- Champignon-Frikas: 400 g Champignons klein schneiden und in 1 TL Rapsöl braten, bis die Flüssigkeit verdampft ist. Dann zum Rindergehackten geben und weiter nach Rezept verfahren.
- Bereiten Sie immer das gesamte Rezept zu und frieren Sie die übrig gebliebenen Frikadellen ein.

Süßspeisen und Desserts

Apfel-Quark-Auflauf

4	Äpfel, 500 g
	Saft einer Zitrone
2	Eier
50 g	Zucker oder Honig
250 g	Magerquark
2 EL	Weizenvollkornmehl, 20 g
½ TL	Zimt
	Butter zum Fetten der Auflaufform

Äpfel gründlich waschen und grob raspeln, mit Zitronensaft beträufeln.

Eier trennen, Eigelb mit Honig oder Zucker, Quark und Weizenvollkornmehl verschlagen. Die Apfelmasse unterheben und mit Zimt abschmecken.

Eiweiß zu steifem Schnee schlagen und locker unter die Quark-Apfelmasse heben.

Alles in eine gefettete, feuerfeste Form geben und im Backofen überbacken.

• Gas: Stufe 2   • Strom: 180 °C   • Backzeit: 20–25 Minuten

Apfel-Streusel-Auflauf

(8 Portionen)

1 kg	säuerliche Äpfel (z. B. Boskop)
3 EL	Honig (oder 2 EL Zucker), 30 g
1 TL	Zimt
80 g	Rosinen
100 ml	Apfelsaft

Zutaten für die Streusel:

150 g	Weizenvollkornmehl
90 g	Butter oder Margarine
50 g	Zucker oder Honig

Äpfel waschen, Kerngehäuse entfernen und Äpfel in Spalten schneiden.
Eine Auflaufform fetten, die Apfelspalten und die übrigen Zutaten hineingeben.
Aus den Streuselzutaten Streusel kneten und auf die Apfelmasse geben.
Im Backofen backen.

Dazu passt: Vanilleeis oder Vanillesoße

> • Gas: Stufe 3 • Strom: 200 °C • Backzeit: 30 Minuten

Beeren-Quark-Dessert

250 g	Früchte z. B. Himbeeren oder gemischte Beeren, TK oder frisch
200 g	Magerquark
	Mineralwasser
2 EL	brauner Zucker, 30 g

Tiefgekühlte oder frische Früchte in eine Auflaufform geben.
Magerquark mit Mineralwasser cremig rühren und über die
Früchte streichen.
Braunen Zucker darüber streuen und für ein paar Stunden kühl
stellen.

Tipp

- Lässt sich hervorragend am Tag vorher zubereiten.
- Sie können auch einen Teil des Magerquarks durch Sahne
  ersetzen.

Bratäpfel

4	säuerliche Äpfel (z. B. Boskop, Cox Orange), 500 g
	Saft einer ½ Zitrone
1–2 TL	Zucker oder Honig
40 g	Rosinen
½ TL	Zimt
2 Scheiben	Vollkornbrot, 100 g

Äpfel gründlich waschen, vom Kerngehäuse befreien und in eine
feuerfeste Form setzen.
Äpfel mit Zitronensaft beträufeln; in die ausgehöhlten Äpfel ½ TL
Honig geben, darauf 1 TL Rosinen, den Apfel mit Zimt bestreuen.
Das Vollkornbrot in kleine Streifen schneiden und zwischen den
Äpfeln verteilen. Die Bratäpfel im Backofen backen.

Dazu passt: Heiße Vanillesoße oder Vanilleeis

- Gas: Stufe 2 • Strom: 180 °C • Backzeit: 15 Minuten

Obstsalat Sommer

700 g	frisches Obst (z. B. Johannisbeeren, Himbeeren, Erdbeeren, Bananen, Aprikosen, Pfirsiche, Nektarinen, Honigmelone)
	Saft einer Zitrone
2 EL	Mineralwasser
evtl. 1 TL	Zucker oder Honig

Das Obst je nach Art waschen, putzen, zerkleinern:
Johannisbeeren entstielen, Erdbeeren vierteln, Bananen in
Scheiben, Aprikosen, Pfirsiche, Nektarinen in kleine Stücke
schneiden. Aus der Honigmelone mit einem Ausstecher oder
Teelöffel kugelige Stücke ausstechen.
Das Obst mischen, mit Zitronensaft beträufeln.
Mineralwasser unterrühren und bei Bedarf mit Zucker oder
Honig abschmecken.

Obstsalat Winter

1	Apfelsine, 150 g
1	Grapefruit, 200 g
1	Apfel, 120 g
1	Banane, 120 g
1	Kiwi, 100 g
	Saft einer Zitrone
2 EL	gehackte Haselnüsse oder Walnüsse, 20 g
evtl. 1 TL	Zucker oder Honig
2 EL	Mineralwasser

Apfelsine, Grapefruit und gewaschenen Apfel in kleine Stücke
schneiden, Banane in Scheiben, Kiwi in halbe Scheiben schneiden.
Zitronensaft, Nüsse, 2 EL Mineralwasser und bei Bedarf
1 TL Zucker oder Honig unter das Obst mischen.

Quarkknödel

(8 Portionen, 2 pro Portion)

500 g	Magerquark
3	Eier
2 EL	Honig (oder 1 ½ EL Zucker), 20 g
	Zitronenschale, unbehandelt
½ TL	Vanille, gemahlen
100 g	Vollkorngrieß
	Wasser, gesalzen
4 EL	Butter
120 g	Vollkornbrösel
2 EL	Honig (oder 1 ½ EL Zucker), 20 g
	Salz

Magerquark mit Eiern, Honig, Vanille, Salz und abgeriebener Zitronenschale vorsichtig verrühren.

Grieß unterrühren.

Die Quarkmasse abgedeckt 2–3 Stunden in den Kühlschrank stellen.

Aus der gut gekühlten Masse mit einem Esslöffel ca. 16 Knödel ausstechen, mit angefeuchteten Händen ein wenig rollen, damit sie schön rund und glatt werden.

Knödel in leicht kochendes Salzwasser legen und bei geschlossenem Deckel ca. 10 Minuten ziehen lassen (Dauer ist abhängig von der Größe der Knödel).

Inzwischen in einer Pfanne die Butter zerlassen, die Brösel mit dem Honig dazugeben und leicht bräunen lassen.

Die Knödel mit einem Schaumlöffel aus dem Wasser heben, gut abtropfen lassen und in den Butterbröseln wälzen.

Dazu passt: Eine Fruchtsoße

1–2 EL Rosinen in den Teig geben.

Tipp

Vanillequark mit Kirschen

(8 Portionen)

1 l	Milch, 1,5 % Fett
2	Päckchen Vanillepuddingpulver
2 Prisen	Vanillemark
500 g	Magerquark
1 Glas	Kirschen (Einwaage 450 g)
1 EL	Weizenvollkornmehl, sehr fein gemahlen, 10 g

Den Pudding nach Vorschrift kochen und mit dem Schneebesen
rühren, bis er abgekühlt ist. Oder Sie geben 1 TL
Zucker auf den Pudding, dann bildet sich keine Haut.
Quark unterrühren und kalt stellen.
Kirschen mit dem Mehl verrühren und kurz aufkochen. Kirschen
auf die Quarkmasse geben und servieren.

Tipp Beim Einkauf auf ein Puddingpulver ohne künstliche Aromen
und Farbstoffe achten.

Kuchen und Gebäck

Apfelkuchen mit Zimt

(24 Stücke)

1,5 kg	säuerliche Äpfel (z. B. Boskop, Cox Orange)
75 g	gemahlene Haselnüsse
75 g	Rosinen
	Saft einer Zitrone
2 TL	Zimt
150 ml	Apfelsaft
250 g	Butter oder Margarine
250 g	Zucker oder Honig
2 Prisen	Vanillemark
6	Eier
1 Prise	Jodsalz
400 g	Weizenvollkornmehl
1 ½	Päckchen Backpulver
6 EL	Milch, 1,5 % Fett, 90 ml

Äpfel waschen, vierteln, das Kerngehäuse entfernen und die Äpfel grob raspeln. Sofort mit dem Zitronensaft, den Nüssen, den Rosinen, 1 TL Zimt und dem Apfelsaft vermischen.
200 g Butter oder Margarine, 200 g Zucker oder Honig, Vanillemark, Eier, Jodsalz, Mehl und Backpulver zu einem glatten Teig verrühren.
Den Backofen auf 200 °C vorheizen. Ein Backblech fetten oder mit Backpapier auslegen und ⅔ des Teigs darauf verteilen.
Die Apfelmischung vorsichtig darübergeben. Die Milch mit dem restlichen Teig verrühren und über die Apfelmischung streichen. Restlichen Zucker und 1 TL Zimt vermischen und über den Teig streuen. Restliche Butter in kleinen Flöckchen auf dem Teig verteilen. In den Backofen geben und backen.

• Gas: Stufe 3 • Strom: 200 °C • Backzeit: 60 Minuten

Apfel-Streusel-Kuchen

(**20** Stücke)

Teig:

200 g	Magerquark
6 EL	Milch, 1,5 % Fett, 90 ml
1	Ei
60 g	Rapsöl
1 Prise	Jodsalz
90 g	Zucker oder Honig
1 Päckchen	Backpulver
400 g	Weizenvollkornmehl

Belag:

1 kg	Äpfel
	Saft einer Zitrone
100 g	Rosinen
90 g	Zucker oder Honig
	Zimt nach Geschmack

Streusel:

100 g	Sonnenblumenkerne oder Haselnüsse
200 g	Weizenvollkornmehl
75 g	Zucker oder Honig
120 g	Butter oder Margarine
½–1 TL	Zimt
	etwas Weizenvollkornmehl zum Ausmehlen des Backblechs

Magerquark mit Milch, Ei, Öl, Jodsalz und Zucker oder Honig verrühren.

Backpulver und Weizenvollkornmehl zugeben, alles zu einem geschmeidigen Teig verarbeiten und 15 Minuten ausquellen lassen.

Während dieser Zeit die Äpfel gründlich waschen und grob raspeln, mit Zitronensaft beträufeln.

Rosinen, Honig und Zimt zugeben und vermengen.

Sonnenblumenkerne mahlen und trocken in einem Topf an-

rösten, leicht abkühlen lassen und mit Weizenvollkornmehl, Honig oder Zucker, Butter oder Margarine und Zimt zu einem Streuselteig verkneten.
Den Quark-Öl-Teig auf ein ausgemehltes Backblech geben und gleichmäßig ausdrücken.
Die Apfelmasse darauf verteilen und die Streusel darübergeben.
Im vorgeheizten Backofen backen.

> • Gas: Stufe 3 • Strom: 200 °C • Backzeit: 20–25 Minuten

Knusperwaffeln

(20 Waffeln)

200 g	Vollkornmehl
5	Eier
75 g	Butter oder Margarine
50 g	Zucker oder Honig
50 g	gehackte Mandeln oder Haselnüsse
50 g	Sesam
50 g	Leinsamen
50 g	Sonnenblumenkerne
100 g	Haferflocken
250 ml	Milch, 1,5 % Fett
125 ml	Mineralwasser
1 MS	Vanille, gemahlen
½ TL	Zimt

Alle Zutaten zu einem geschmeidigen Teig verrühren und die Waffeln backen.

Tipp

• Können gut vorbereitet werden, da die Waffeln auch kalt lecker schmecken.
• Nach dem Auftauen kurz im Backofen erhitzen, dann sind sie wieder knusprig.

Hefeteilchen

(18 Stücke)

Teig:

500 g	fein gemahlenes Dinkel- oder Weizenvollkornmehl
1 Würfel	frische Hefe oder 2 Beutel Trockenhefe
100 g	Zucker oder Honig
175 ml	lauwarme Milch, 1,5 % Fett
2	Eier
1 Prise	Jodsalz
100 g	Butter oder Margarine

Füllung für Apfelschnecken:

4	Äpfel, 500 g
1 EL	Zitronensaft
1 TL	Zimt
50 g	gehackte oder gemahlene Mandeln
100 g	Zucker oder Honig

Füllung für Puddingschnecken:

750 ml	Milch, 1,5 % Fett
40 g	Zucker oder Honig
2 Päckchen	Vanillepuddingpulver

Mehl in eine Schüssel geben und in die Mitte eine Mulde drücken. Die Hefe hineinbröckeln und mit 1 EL Zucker und der Hälfte der lauwarmen Milch in der Mulde verrühren. Mit etwas Mehl vom Rand bedecken und 20 Minuten gehen lassen. Anschließend Eier, Jodsalz, weiche Butter oder Margarine und restliche Milch und restlichen Zucker oder Honig zugeben und zu einem glatten Teig verkneten.
Bei der Verwendung von Trockenhefe können gleich alle Zutaten miteinander vermischt werden.
Teig noch einmal mindestens 20 Minuten gehen lassen.
Auf einer bemehlten Arbeitsfläche den Teig zu einem Rechteck von etwa 50 x 35 cm ausrollen und mit Apfel- oder Puddingfüllung (siehe unten) bestreichen.

Den Teig aufrollen und in 2 cm dicke Scheiben schneiden.
Auf ein mit Backpapier ausgelegtes Blech legen. Dabei die
Schnecken mit den Händen etwas auseinanderziehen, damit der
aufgerollte Teig in der Mitte Platz zum Aufgehen hat.
Die Hefeschnecken noch einmal an einem warmen Ort 30 Minuten gehen lassen und dann im vorgeheizten Backofen bei 200 °C
etwa 15–20 Minuten backen.

Füllung für Apfelschnecken:
Äpfel waschen, grob raspeln und mit den übrigen Zutaten
mischen. Auf den Hefeteig streichen und nach Rezept weiter
verfahren.

Füllung für Puddingschnecken:
Aus den Zutaten nach Packungsanweisung einen Pudding
kochen und gut die Hälfte auf den Hefeteig streichen.
Den restlichen Pudding kurz vor dem Backen als Kleckse auf die
Schnecken geben.

- Den Teig teilen und gleich Apfel- und Puddingschnecken backen. **Tipp**
- Den Teig mit einer Zucker-Zimt-Mischung bestreuen, aufrollen
  und backen.
- Den Teig mit gehackten Nüssen bestreuen, aufrollen und backen.
- Die noch warmen Schnecken mit erwärmter Marmelade
  bestreichen.
- Die Hefeteilchen schmecken ganz frisch am besten.

> • Gas: Stufe 3 • Strom: 200 °C • Backzeit: 15–20 Minuten

Möhren-Nuss-Kuchen

(12 Stücke)

2	Möhren, 200 g
150 g	Mandeln
4	Eigelb
50 ml	Wasser
150 g	Zucker oder Honig
150 g	Weizenvollkornmehl
1 TL	Backpulver
4	Eiweiß
	Butter zum Ausfetten der Springform

Möhren schälen und fein reiben, Mandeln mahlen.
Eigelb mit Honig oder Zucker und Wasser schaumig schlagen.
Mehl und Backpulver unterrühren, ebenso Möhren und Mandeln.
Eiweiß zu Schnee schlagen und vorsichtig unterheben.
Den Boden einer Springform einfetten, Teig einfüllen und im Backofen backen.

Tipp

- Nach Wunsch können Sie den Kuchen mit Schokoladenglasur oder Kuvertüre überziehen.
- Der Kuchen kann auch in einer Kastenform oder für den Kindergeburtstag in kleinen Papierförmchen gebacken werden (Backzeit 20 Minuten).

• Gas: Stufe 2   • Strom: 180 °C   • Backzeit: 45 Minuten

Muffins

(15 Stücke)

200 g	Weizenvollkornmehl
60 g	feine Haferflocken
2 TL	Backpulver
2	Eier
180 g	Zucker oder Honig
100 ml	Rapsöl, Butter oder Margarine
1 Prise	Vanillemark
300 g	Joghurt, 1,5 % Fett
200 g	Himbeeren oder Heidelbeeren, frisch, tiefgekühlt oder aus dem Glas
	evtl. Puderzucker zum Bestäuben

Mehl mit Haferflocken und Backpulver mischen.
In einer zweiten Schüssel die Eier aufschlagen, verquirlen und mit Zucker oder Honig, Öl oder Fett, Vanillemark und Joghurt zu einem Teig verrühren.
Fett- und Mehlmischung miteinander verrühren.
Einige Beeren zum Dekorieren zurückhalten, den Rest in den Teig geben und unterrühren.
In Muffin-Förmchen füllen. Mit je einer Beere dekorieren.
Im Backofen backen.

Tipp

Optisch sehen die Muffins am besten mit tiefgekühlten Früchten aus, da diese beim Backen die Form behalten und nicht matschig werden.

• Gas: Stufe 2   • Strom: 180 °C   • Backzeit: 20 Minuten

Nussecken

(32 Stücke)

Teig:

400 g	Weizenvollkornmehl
100 g	brauner Zucker oder Honig
200 g	Butter oder Margarine
2	Eier

Belag:

200 g	Marzipanrohmasse
3–4 EL	Wasser
400 g	Haselnusskerne, gemahlen
100 g	Butter oder Margarine
170 g	brauner Zucker oder Honig
100 g	Schmand
2 MS	Vanille, gemahlen

Aus Mehl, Zucker oder Honig, Butter und den Eiern einen Teig kneten und diesen auf einem gefetteten Backblech ausrollen. Alle übrigen Zutaten in einer Pfanne bei geringer Hitze zu einer glatten Masse verrühren und gleichmäßig auf dem Teig verteilen. Bei 200 °C etwa 20 Minuten backen und noch warm in dreieckige Stücke schneiden.

Tipp

- Die Nussecken schmecken auch ohne Marzipan.
- Die Nussecken schmecken Kindern und Erwachsenen hervorragend, aber sie sind auch recht fett- und zuckerreich. Daher nur kleine Mengen genießen, der Rest lässt sich ohne Qualitätsverluste gut einfrieren.

> • Gas: Stufe 3   • Strom: 200 °C   • Backzeit: 20 Minuten

Quarkkuchen

(20 Stücke)

Teig:

250 g	Butter oder Margarine
200 g	Zucker oder Honig
1 Prise	Vanillemark
1	Ei
1 Prise	Jodsalz
500 g	Weizenvollkornmehl
1 Päckchen	Backpulver

Für die Füllung:

1 kg	Magerquark
1 Päckchen	Soßenpulver Vanille-Geschmack
1	Ei
200 g	Zucker oder Honig
2 EL	Zitronensaft
50 g	Rosinen

Butter oder Margarine und Zucker oder Honig schaumig schlagen.

Das Ei unter die Masse rühren, Weizenmehl zur Hälfte esslöffel-weise unterrühren und Vanillemark, Backpulver und eine Prise Jodsalz hinzugeben.

Den Rest des Mehls auf den Teig geben und mit den Händen oder mit 2 Gabeln unterarbeiten, damit eine krümelige Masse entsteht.

Für die Füllung den Quark, das Soßenpulver, 1 Ei, Zucker oder Honig und Zitronensaft verrühren. Dann die Rosinen unterheben. Gut die Hälfte des Teigs auf ein gefettetes Backblech geben und gut andrücken. Die Quarkfüllung darauf streichen. Den Rest des Teigs als Krümel darüber verteilen und im Backofen backen.

• Gas: Stufe 2   • Strom: 175 °C   • Backzeit: 35 Minuten

Schokokuchen

(16 Stücke)

250 g	Butter oder Margarine
1 Prise	Vanille, gemahlen
3 EL	Kakao, 15 g
250 g	Zucker oder Honig
100 ml	Wasser
400 g	Weizenvollkornmehl
1	Päckchen Backpulver
4	Eier
	Grieß für die Form

Butter, Vanille, Kakao, Zucker oder Honig und Wasser aufkochen und abkühlen lassen.

Dann mit dem Mehl, dem Backpulver und den Eiern vermengen und in einer gefetteten und mit Grieß ausgestreuten Springform bei 180 °C etwa 45 Minuten backen.

Kuchen vor dem Stürzen auskühlen lassen.

Tipp Nach Wunsch mit einer Schokoladenglasur überziehen.

> • Gas: Stufe 2   • Strom: 180 °C   • Backzeit: 45 Minuten

Schoko-Nusstörtchen

(20 Törtchen)

125 g	Butter oder Margarine
125 g	Zucker oder Honig
3	Eier
250 g	Weizenvollkornmehl
2 TL	Backpulver
200 g	Haselnüsse, gemahlen
100 g	Schokolade
2 EL	Wasser
20	ganze Haselnüsse
	Schokoladenglasur oder Kuvertüre
	geraspelte Mandeln
20	Papierförmchen

Butter bzw. Margarine und Zucker oder Honig schaumig rühren, die Eier nach und nach zugeben.

Vollkornmehl, Backpulver und Haselnüsse, geraspelte Schokolade und Wasser unterrühren.

Papierförmchen nebeneinander auf ein Backblech setzen, Förmchen bis zur Hälfte mit Teig füllen und in die Mitte eine Haselnuss setzen.

Auf der mittleren Schiene im Backofen backen.

Nach dem Backen Törtchen erkalten lassen, mit Schokoladenglasur bestreichen (dabei die Nuss aussparen) und mit geraspelten Mandeln bestreuen.

Beim Kindergeburtstag kommt es auch gut an, wenn die Törtchen ein Gesicht bekommen (z. B. das Gesicht einer Maus).

Tipp

• Gas: Stufe 2 • Strom: 170–180 °C • Backzeit: 15–20 Minuten

Sesam-Hafer-Waffeln

(12 Waffeln)

150 g	Weizenvollkornmehl
75 g	Weizenvollkorngrieß
75 g	Haferflocken
75 g	Sesamsamen
½ Würfel	Hefe oder 1 Beutel Trockenhefe
325 ml	Milch, 1,5 % Fett, lauwarm
100 g	Butter oder Margarine
3	Eier
4 EL	Zucker oder Honig, 40 g
1 MS	Vanille, gemahlen
1 ½ EL	Pflanzenöl, 15 g
1 Prise	Jodsalz

Mehl, Grieß und Haferflocken in einer Schüssel mischen.
In die Mitte eine Mulde drücken und die Hefe hineinbröckeln.
Etwas von der warmen Milch zufügen, mit der Hefe verrühren.
Trockenhefe kann direkt mit den gesamten Zutaten vermischt
werden.
Schüssel abdecken und etwa 15 Minuten an einem warmen Ort
gehen lassen.
Dann die Hälfte des Sesams, den Zucker oder Honig, die Vanille,
die restliche Milch, Salz, die weiche Butter oder Margarine und
die Eier zugeben und alles gut verrühren.
Das Waffeleisen vorheizen und vor jedem Backen mit etwas Öl
einpinseln und ein wenig Sesam auf den Boden streuen.
Teig darauf geben und die Waffel braun backen.

Dazu passt: Sahne, Fruchtquark, Kompott

Tipp Anstelle von Weizengrieß können Sie auch geschroteten
Buchweizen oder Dinkel verwenden.

Versenkter Kirschkuchen

(12 Stücke)

100 g	Butter oder Margarine
125 g	Honig oder Zucker
2	Eier
	Zitronenschale, unbehandelt
200 g	Weizenvollkornmehl
1 TL	Backpulver (gehäuft)
2 EL	Milch, 1,5 % Fett
500 g	Süßkirschen (oder Sauerkirschen)
4 EL	Kirschsaft (oder Wasser)
1 EL	Honig, 10 g

Butter, Honig oder Zucker und Eier schaumig rühren, die abgeriebene Zitronenschale, das mit Backpulver vermischte Mehl und die Milch unterziehen.
Teig in eine gefettete Springform geben.
Mit entsteinten Kirschen belegen und bei 175 °C 40–50 Minuten backen.
Honig und Kirschsaft (oder Wasser) verrühren und den warmen Kuchen damit übergießen.

In den Teig lässt sich auch ½ TL Zimt oder 1 EL Kakao hineinrühren.

Tipp

• Gas: Stufe 2 • Strom: 175 °C • Backzeit: 40–50 Minuten

Anhang

Diese Seite finden Sie auch als Download in unserem Ratgebershop im Internet: www.vz-ratgeber.de

Obst- und Gemüsekalender

Obst à la Saison

Wann es was gibt

Januar
- Äpfel
- Birnen
- Trockenobst

Februar
- Äpfel
- Birnen
- Trockenobst

März
- Äpfel
- Birnen
- Trockenobst

April
- Äpfel
- Rhabarber
- Trockenobst

Mai
- Erdbeeren
- Kirschen, Süß-
- Rhabarber
- Stachelbeeren

Juni
- Erdbeeren
- Holunderblüten
- Johannisbeeren, rot, schw., weiß
- Kirschen, Süß-
- Pflaumen
- Rhabarber
- Stachelbeeren

Juli
- Birnen
- Brombeeren
- Erdbeeren
- Heidelbeeren
- Himbeeren
- Holunderblüten
- Johannisbeeren, rot, schw., weiß
- Jostabeeren
- Kirschen, Sauer-, Süß-
- Mirabellen
- Nektarinen
- Pfirsiche
- Pflaumen
- Renekloden
- Stachelbeeren
- Walnüsse
- Zwetschen

August
- Äpfel
- Birnen
- Brombeeren
- Erdbeeren
- Haselnüsse
- Heidelbeeren
- Himbeeren
- Holunderbeeren
- Johannisbeeren, rot, schw., weiß
- Jostabeeren
- Kirschen, Sauer-
- Mirabellen
- Nektarinen
- Pfirsiche
- Pflaumen
- Preiselbeeren
- Nektarinen
- Stachelbeeren
- Vogelbeeren
- Zwetschen

September
- Äpfel
- Birnen
- Brombeeren
- Erdbeeren
- Esskastanien
- Hagebutten
- Haselnüsse
- Heidelbeeren
- Himbeeren
- Holunderbeeren
- Johannisbeeren, rot, schw., weiß
- Mirabellen
- Nektarinen
- Pfirsiche
- Pflaumen
- Preiselbeeren
- Quitten
- Sanddornbeeren
- Stachelbeeren
- Vogelbeeren
- Walnüsse
- Trauben
- Zwetschen

Oktober
- Äpfel
- Birnen
- Brombeeren
- Esskastanien
- Hagebutten
- Haselnüsse
- Heidelbeeren
- Himbeeren
- Holunderbeeren
- Johannisbeeren, rot
- Mirabellen
- Pflaumen
- Preiselbeeren
- Quitten
- Sanddornbeeren
- Schlehen
- Vogelbeeren
- Walnüsse
- Trauben
- Zwetschen

November
- Äpfel
- Birnen
- Esskastanien
- Hagebutten
- Quitten
- Sanddornbeeren
- Schlehen
- Walnüsse

Dezember
- Äpfel
- Birnen
- Esskastanien
- Sanddornbeeren
- Schlehen
- Walnüsse
- Trockenobst

Gemüse à la Saison
Wann es was gibt

Januar
- Feldsalat
- Grünkohl
- Lauch
- Pastinaken
- Rosenkohl
- Rotkohl
- Sauerkraut
- Schwarzwurzeln
- Sellerie, Knollen-
- Sprossen
- Steckrübe
- Weißkohl
- Wirsing
- Wurzelpetersilie

Februar
- Feldsalat
- Grünkohl
- Lauch
- Löwenzahn
- Pastinaken
- Rosenkohl
- Rotkohl
- Sauerkraut
- Schwarzwurzeln
- Sellerie, Knollen-
- Sprossen
- Steckrübe
- Weißkohl
- Wirsing
- Wurzelpetersilie

März
- Brennessel
- Feldsalat
- Grünkohl
- Lauch
- Löwenzahn
- Pastinaken
- Sauerampfer
- Sauerkraut
- Sprossen
- Wurzelpetersilie

April
- Brennessel
- Löwenzahn
- Sauerampfer
- Sauerkraut
- Spargel
- Spinat
- Sprossen

Mai
- Brennessel
- Gartensalate
- Löwenzahn
- Mangold
- Radieschen
- Rettich
- Rübstiel
- Spargel
- Spinat
- Weiße Rübe
- Weißkohl
- Wirsing
- Zucchini
- Zwiebeln

Juni
- Blumenkohl
- Bohnen, dicke
- Bohnen, Garten-
- Brennessel
- Brokkoli
- Erbsen
- Gartensalate
- Kohlrabi
- Lauch
- Mangold
- Möhren
- Radieschen
- Rettich
- Rübstiel
- Spargel
- Spinat
- Weiße Rübe
- Weißkohl
- Wildpilze
- Wirsing
- Zucchini
- Zwiebeln

Juli
- Blumenkohl
- Bohnen, dicke
- Bohnen, Garten-
- Brokkoli
- Endivien
- Erbsen
- Gartensalate
- Gurken
- Kohlrabi
- Lauch
- Mangold
- Möhren
- Radieschen
- Rettich
- Rotkohl
- Sellerie, Stauden-
- Spinat
- Tomaten
- Wildpilze
- Zucchini
- Zwiebeln

August
- Blumenkohl
- Bohnen, dicke
- Bohnen, Garten-
- Brokkoli
- Endivien
- Erbsen
- Fenchel
- Gartensalate
- Gurken
- Kohlrabi
- Kürbis
- Lauch
- Mais
- Mangold
- Möhren
- Radieschen
- Rettich
- Rotkohl
- Sellerie, Stauden-
- Spinat
- Tomaten
- Wildpilze
- Zucchini
- Zwiebeln

September
- Blumenkohl
- Bohnen, Garten-
- Brokkoli
- Chinakohl
- Endivien
- Feldsalat
- Fenchel
- Gartensalate
- Gurken
- Kohlrabi
- Kürbis
- Lauch
- Mais
- Mangold
- Möhren
- Radieschen
- Rettich
- Rosenkohl
- Rote Bete
- Rotkohl
- Sellerie, Knollen-
- Sellerie, Stauden-
- Spinat
- Steckrübe
- Tomaten
- Weiße Rübe
- Weißkohl
- Wildpilze
- Wurzelpetersilie
- Zucchini
- Zwiebeln

Oktober
- Blumenkohl
- Brokkoli
- Chinakohl
- Endivien
- Feldsalat
- Fenchel
- Gartensalate
- Gurken
- Kohlrabi
- Kürbis
- Lauch
- Mais
- Möhren
- Pastinaken
- Radieschen
- Rettich
- Rosenkohl
- Rote Bete
- Rotkohl
- Rübstiel
- Schwarzwurzeln
- Sellerie, Knollen-
- Sellerie, Stauden-
- Spinat
- Steckrübe
- Tomaten
- Weiße Rübe
- Weißkohl
- Wildpilze
- Wirsing
- Wurzelpetersilie
- Zucchini
- Zwiebeln

November
- Blumenkohl
- Brokkoli
- Chinakohl
- Endivien
- Feldsalat
- Fenchel
- Kürbis
- Lauch
- Möhren
- Pastinaken
- Rosenkohl
- Rote Bete
- Rotkohl
- Rübstiel
- Schwarzwurzeln
- Sellerie, Knollen-
- Sprossen
- Steckrübe
- Weiße Rübe
- Weißkohl
- Wirsing
- Wurzelpetersilie

Dezember
- Feldsalat
- Grünkohl
- Pastinaken
- Rosenkohl
- Sauerkraut
- Schwarzwurzeln
- Sprossen
- Sellerie, Knollen-
- Steckrübe
- Weiße Rübe
- Weißkohl
- Wirsing
- Wurzelpetersilie

© Verbraucherzentrale NRW, Düsseldorf

Die aid-Ernährungspyramide als Modell ...

© aid infodienst e. V., Idee: Sonja Mannhardt

	6. Ebene:	1 Portion Süßigkeiten oder Snacks
Rot	5. Ebene:	2 Portionen Öl, (Streich-)Fett
Gelb	4. Ebene:	3 Portionen Milch, Milchprodukte und 1 Portion Fleisch oder Wurst oder Fisch oder Ei
	3. Ebene:	4 Portionen Gemüse und Obst, roh oder zubereitet; eine 5. Portion ist als Getränk vorgesehen (⤳ Seite 26ff)
	2. Ebene:	5 Portionen Brot, Getreide, Kartoffeln, Reis, Nudeln
Grün	1. Ebene:	6 Portionen Getränke als Basis

... und für die Praxis zum Abhaken

Mit diesen beiden Mustervorlagen (auch zum Kopieren gedacht) können Sie und Ihre Familie die verzehrten Portionen eines Tages ankreuzen bzw. abhaken (···⯈ Beispiel, Seite 29)

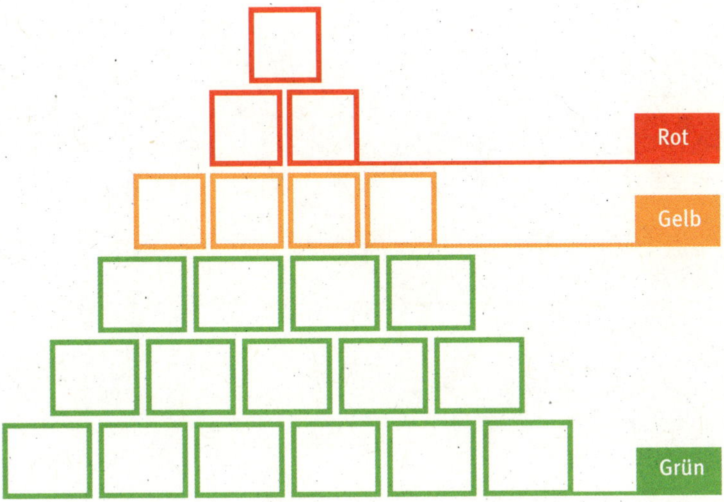

Rot

Gelb

Grün

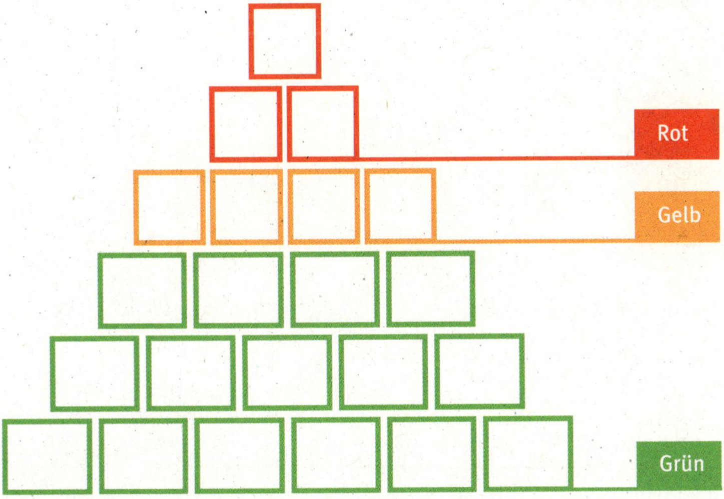

Rot

Gelb

Grün

Nährwertberechnungen für alle Rezepte

Abkürzungen:

kcal	= Kilokalorien	mg	= Milligramm	EW	= Eiweiß
g	= Gramm	µg	= Mikrogramm	Ca	= Calcium
		KH	= Kohlenhydrate	Fe	= Eisen

Rezept	Seite	Berechnet für	
Getränke			
Afrutada	125	5 Portionen	
Bananenmilch	122	5 Portionen	
Kinderbowle	122	8 Portionen	
Kinderpunsch	123	10 Portionen	
Kokosdrink	123	8 Portionen	
Red Cat	125	5 Portionen	
Rotes Saftgetränk	124	8 Portionen	
Turbo Sport	125	6 Portionen	
Frühstücksvorschläge			
Selbst gebackenes Brot und Brötchen			
Barbaras Möhrenbrötchen	126	20 Stück	
Blitzbrot	127	20 Scheiben	
Brötchen-Frösche	128	8 Stück	
Früchtebrot	130	30 Scheiben	
Rosinenbrötchen	128	16 Stück	
Schwarzbrot	129	60 Scheiben	
Weizenbrötchen	131	20 Stück	
Brotaufstriche herzhaft			
Basilikum-Tomaten-Aufstrich	132	20 Portionen	
Eiercreme	132	20 Portionen	

Pro Portion/Stück/Scheibe							
Energie (kcal)	KH (g)	EW (g)	Fett (g)	Folat (µg)	Ca (mg)	Fe (mg)	Jod (µg)
61	14	1	0	5	21	0,4	3
69	10	3	1	11	112	0,2	7
58	12	1	0	10	42	0,7	2
109	24	1	0	15	35	0,8	12
113	11	4	6	13	129	0,4	8
73	16	1	0	5	25	0,6	2
32	7	0	0	4	8	0,4	11
61	13	1	0	8	63	0,6	2
131	25	5	1	47	57	2	36
145	17	5	6	44	52	2	11
234	23	13	10	38	299	1,7	12
123	18	3	4	15	32	1	1
138	21	4	4	9	29	0,5	5
87	14	3	2	25	56	1,3	18
78	15	3	1	31	13	1	26
40	1	2	3	7	18	0,1	2
61	1	2	5	7	32	0,2	2,6

Rezept	Seite	Berechnet für	
Feiner Kräuterquark	133	20 Portionen	
Möhrenbutter	133	20 Portionen	
Schnelle Paprikacreme	134	20 Portionen	
Brotaufstriche süß			
Fruchtaufstrich ohne Zucker	135	20 Portionen	
Kalt gerührte Marmelade	135	20 Portionen	
Nuss-Nougat-Creme	136	20 Portionen	
Müslis			
Frischkornmüsli	137	1 Portion	
Fruchtmüsli	136	1 Portion	
Grundmischung	136	35 Portionen	
Knuspermüsli	138	12 Portionen	
Salate und Salatsoßen			
Salate			
Bunter Bohnensalat mit Schafskäse	139	4 Portionen	
Eisbergsalat mit Orangenstücken	140	4 Portionen	
Grünkern-Salat	140	6 Portionen	
Kartoffel-Gemüse-Salat	142	4 Portionen	
Möhren-Apfel-Rohkost	141	4 Portionen	
Rohkostplatte Sommer	143	4 Portionen	
Rohkostplatte Winter	143	4 Portionen	
Rote-Bete-Salat	144	4 Portionen	
Salatsoßen			
Joghurt-Kräuter-Soße	145	4 Portionen	
Joghurt-Nuss-Soße	145	4 Portionen	
Körner-Soße	146	4 Portionen	
Kräuter-Vinaigrette	146	4 Portionen	
Rote Soße	147	4 Portionen	

Pro Portion/Stück/Scheibe							
Energie (kcal)	KH (g)	EW (g)	Fett (g)	Folat (µg)	Ca (mg)	Fe (mg)	Jod (µg)
35	1	2	3	6	29	0,1	3
44	1	0	4	3	6	0,2	2
26	1	1	2	9	13	0,2	1
20	4	0	0	3	9	0,3	0,4
14	3	0	0	1	3	0,1	0
72	1	1	7	4	13	0,3	0
251	46	8	3	50	164	2,2	12
273	38	9	9	27	228	2,4	16
123	13	4	6	9	37	2	1,6
179	18	4	10	11	30	1,5	1,6
162	8	9	10	70	159	2	49
130	8	3	9	70	70	1	43
364	27	16	21	82	442	3	45
204	31	7	5	101	141	1,9	54
136	23	3	3	21	121	2,4	44
55	8	3	1	110	65	2,3	6
48	6	4	1	132	123	3,8	20
128	21	4	3	73	104	1,7	42
30	2	3	1	9	78	0,3	29
67	3	3	5	14	89	0,5	4
118	2	2	11	6	51	0,7	40
28	1	0	3	2	12	0,3	10
52	3	2	3	10	84	0,2	19

Rezept	Seite	Berechnet für	
Suppen			
Blumenkohlcremesuppe	148	4 Portionen	
Erbsencremesuppe	148	4 Portionen	
Kartoffelsuppe	149	4 Portionen	
Maultaschensuppe	150	4 Portionen	
Tomatensuppe	151	4 Portionen	
Aufläufe			
Blumenkohl-Tomaten-Auflauf	152	4 Portionen	
Brokkoli-Auflauf mit Möhren	153	4 Portionen	
Bunter Nudelauflauf	154	4 Portionen	
Kartoffel-Gemüse-Auflauf	155	4 Portionen	
Nudel-Spinat-Auflauf	156	4 Portionen	
Rosenkohl-Auflauf	157	4 Portionen	
Gemüse-, Hülsenfrüchte- und Getreidegerichte			
Bunter Risotto	158	4 Portionen	
Eintopf mit Hülsenfrüchten	159	4 Portionen	
Gefüllte Zucchini	160	4 Portionen	
Gemüsespieße	161	4 Portionen	
Grünkernbraten mit Tomatensoße	162	6 Portionen	
Kidneybohnen-Eintopf	163	4 Portionen	
Weißer Bohneneintopf	164	6 Portionen	
Kartoffeln – pur bis Pommes			
Backofenkartoffeln	165	4 Portionen	
Kartoffelfest	166	10 Portionen	
Kartoffel-Gemüse-Puffer	168	4 Portionen	
Kartoffelkuchen	168	4 Portionen	
Kartoffelplätzchen mit Käse	169	6 Portionen	
Pommes selbstgemacht	170	6 Portionen	

Pro Portion/Stück/Scheibe							
Energie (kcal)	KH (g)	EW (g)	Fett (g)	Folat (µg)	Ca (mg)	Fe (mg)	Jod (µg)
244	24	8	13	124	97	3	60
343	39	19	12	221	118	5	103
256	30	8	11	158	137	2,5	72
192	23	8	7	48	54	2	37
135	6	5	10	63	164	2	76
379	39	17	16	177	393	2,7	86
254	27	15	9	137	407	3,3	55
500	57	28	17	133	400	8	44
296	27	12	15	61	336	2	41
352	45	19	10	149	505	9	41
244	26	13	9	131	206	2	16
404	52	15	15	41	222	3,7	32
198	30	16	1	156	109	4,4	31
256	23	11	13	125	166	5,6	18
68	7	3	3	61	44	2,4	22
313	27	13	17	77	200	3,4	37
216	29	17	3	150	127	6	33
397	43	21	15	249	200	6,3	24
148	26	4	3	53	18	0,8	7
310	44	20	5	113	220	2	40
259	26	8	13	82	91	3	39
251	29	12	9	84	93	2	39
246	32	12	7	60	122	2	23
172	30	4	4	60	13	1	8

Rezept	Seite	Berechnet für	
Nudeln, Mais & Co. **– von Pfannkuchen bis Pizza**			
Apfelpfannkuchen	171	4 Portionen (8 Stück)	
Getreide-Gemüse-Bratlinge	172	12 Stück	
Maisplätzchen	173	12 Stück	
Möhren-Kräuter-Tarte	174	4 Portionen (12 Stück)	
Nudeln mit Spinat	175	4 Portionen	
Pizza	176	8 Stück	
Pizza-Pfannkuchen	178	4 Portionen	
Polenta	177	6 Portionen	
Spinat-Pfannkuchen-Rollen	179	4 Portionen (8 Stück)	
Soßen für Aufläufe, Kartoffeln, **Nudeln, Polenta ...**			
Grundsoße	180	6 Portionen	
Erbsensoße	181	4 Portionen	
Gemüsebolognese	182	4 Portionen	
Käsesoße	182	4 Portionen	
Möhrensoße	183	4 Portionen	
Pilzragout	184	4 Portionen	
Tomatensoße	185	4 Portionen	
Fischgerichte			
Fischburger	186	10 Stück	
Fischfilet im Spinatbett	187	4 Portionen	
Fischfilet in Paprika	188	6 Portionen	
Schlemmerfilet	189	4 Portionen	
Seelachsfilet an Tomaten	190	4 Portionen	

Pro Portion/Stück/Scheibe							
Energie (kcal)	KH (g)	EW (g)	Fett (g)	Folat (µg)	Ca (mg)	Fe (mg)	Jod (µg)
411	52	13	16	56	131	3,6	13
112	16	4	3	34	36	1,5	10
75	8	3	3	14	22	0,7	6
375	21	17	25	62	360	3,6	35
397	43	21	15	185	513	13	52
414	38	18	21	103	324	5	32
284	27	16	12	108	278	4	35
160	22	5	6	22	83	0,5	15
270	29	15	10	117	307	6,5	40
46	6	3	1	27	70	0,5	16
175	13	7	11	41	90	2	17
99	10	6	4	85	109	4	34
203	8	10	15	12	285	0,5	26
75	6	2	5	25	58	2	26
133	7	5	9	46	77	3	34
61	6	2	3	53	65	1,7	8
279	35	16	8	53	69	3	89
275	5	43	8	109	282	7	432
299	16	35	10	98	103	3	176
288	14	36	9	51	97	1,9	246
285	8	39	10	78	86	3	211

Rezept	Seite	Berechnet für	
Fleischgerichte			
Geflügel-Gemüse-Pfanne	191	4 Portionen	
Gulasch mit Gemüse	192	4 Portionen	
Hähnchengulasch in Tomatensoße	193	4 Portionen	
Paprika-Frikadellen	194	8 Portionen	
Süßspeisen und Desserts			
Apfel-Quark-Auflauf	195	4 Portionen	
Apfel-Streusel-Auflauf	196	8 Portionen	
Beeren-Quark-Dessert	196	4 Portionen	
Bratäpfel	197	4 Portionen	
Obstsalat Sommer	198	4 Portionen	
Obstsalat Winter	198	4 Portionen	
Quarkknödel	199	8 Portionen (16 Stück)	
Vanillequark mit Kirschen	200	8 Portionen	
Kuchen und Gebäck			
Apfelkuchen mit Zimt	201	24 Stück	
Apfel-Streusel-Kuchen	202	20 Stück	
Hefe-Apfelschnecken	204	18 Stück	
Hefe-Puddingschnecken	204	18 Stück	
Knusperwaffeln	203	20 Stück	
Möhren-Nuss-Kuchen	206	12 Stück	
Muffins	207	15 Stück	
Nussecken (mit Marzipan)	208	32 Stück	
Nussecken (ohne Marzipan)	208	32 Stück	
Quarkkuchen	209	20 Stück	
Schokokuchen	210	16 Stück	
Schoko-Nusstörtchen mit Glasur	211	20 Stück	
Schoko-Nusstörtchen ohne Glasur	211	20 Stück	
Sesam-Hafer-Waffeln	212	12 Stück	
Versenkter Kirschkuchen	213	12 Stück	

Pro Portion/Stück/Scheibe							
Energie (kcal)	KH (g)	EW (g)	Fett (g)	Folat (µg)	Ca (mg)	Fe (mg)	Jod (µg)
152	6	16	7	47	73	3	32
144	6	19	5	45	42	3	20
237	7	27	11	43	84	1	21
160	7	12	9	16	26	2	7
237	35	13	4	46	113	2	11
275	42	3	10	18	27	2	4
89	12	8	0	24	95	1	6
162	35	3	1	17	28	1,5	3
101	21	2	0	21	29	1	0
124	19	2	4	24	35	1	3
223	25	14	7	44	104	1,5	9
228	32	15	3	30	314	1	21
260	31	5	13	23	45	2	5
304	41	6	12	27	56	2	5
220	32	5	8	67	38	2	4
211	31	6	7	65	76	1	7
162	13	6	9	22	67	2	4
193	21	6	9	31	54	2	5
179	25	4	7	15	47	1	3
260	18	4	19	17	52	1	2
228	16	4	17	13	42	1	2
310	40	10	12	31	80	1	7
275	31	5	15	22	26	1	2
278	22	5	19	20	67	1	2
222	18	4	15	16	49	1	2
210	20	5	12	38	86	2	4
198	27	4	8	17	27	1	2

Rezeptregister

Frageregister

Bio- und Öko-Zeichen, die Sicherheit geben

Bundesanstalt für Landwirtschaft und Ernährung
Informationsstelle Bio-Siegel
Deichmanns Aue, 53179 Bonn
Tel.:   02 28/68 45-39 79
Fax: 02 28/68 45-2907
www.bio-siegel.de

Bund Ökologischer Lebensmittelwirt-
schaft (BÖLW e.V.)
Marienstraße 19-20, 10117 Berlin
Tel.:   030/2 84 82-300
Fax: 030/2 84 82-309
www.boelw.de

Anbauverbände:

Demeter e.V.
Brandschneise 1, 64295 Darmstadt
Tel.:   0 61 55/84 69-0
Fax: 0 61 55/84 69-11
www.demeter.de

Bioland Bundesverband
Kaiserstr. 18, 55116 Mainz
Tel.:   0 61 31/23 97 90
Fax: 0 61 31/2 39 79 27
www.bioland.de

Biokreis e.V.
Verband für ökologischen Landbau und
gesunde Ernährung
Stelzlhof 1, 94034 Passau
Tel.:   08 51/7 56 50-0
Fax: 08 51/7 56 50-25
www.biokreis.de

Naturland – Verband für naturgemäßen
Landbau e.V.
Kleinhaderner Weg 1, 82166 Gräfelfing
Tel.:   0 89/89 80 82-0
Fax: 0 89/89 80 82-90
www.naturland.de

ECOVIN – Bundesverband Ökologischer
Weinbau (BÖW) e.V.
Wormser Straße 162, 55276 Oppenheim
Tel.:   0 61 33/16 40
Fax: 0 61 33/16 09
www.ecovin.de

Gäa – Vereinigung ökologischer Land-
bau e.V.
Arndtstr. 11, 01099 Dresden
Tel.:   03 51/4 01 23 89
Fax: 03 51/4 01 55 19
www.gaea.de

Biopark e.V.
Rövertannen 13, 18273 Güstrow
Tel.:   0 38 43/24 50 30
Fax: 0 38 43/24 50 32
www.biopark.de

Wo Sie Hilfen bei Ernährungsfragen und Materialien zur Kinderernährung erhalten

Verbraucherzentralen der Länder (·····⟩ Seite 236 f.)
Bei diesen Institutionen finden Sie Ernährungsfachkräfte, die Sie bei Fragen rund um die Kinder- und Erwachsenenernährung beraten können:

Verband der Oecotrophologen e.V. (VDOe)
Reuterstr. 161, 53113 Bonn
Tel.: 02 28/2 89 22-0
Fax: 02 28/2 89 22-77
www.vdoe.de

Verband der Diätassistenten e.V. (VDD)
Susannastr. 13, 45136 Essen
Tel.: 02 01/94 68 53 70
Fax: 02 01/94 68 53 80
www.vdd.de

Deutsche Gesellschaft der qualifizierten Ernährungstherapeuthen und Ernährungsberater – QUETHEB e. V.
Schloßplatz 1, 83410 Laufen
Tel.: 0 86 82/95 44 00
Fax: 0 86 82/95 44 98
www.quetheb.de

Deutsche Gesellschaft für Ernährung e.V. (DGE)
Godesberger Allee 18, 53175 Bonn
Tel.: 02 28/37 76-600
Fax: 02 28/37 76-800
www.dge.de

Verband für Unabhängige Gesundheitsberatung e. V. (UGB)
Sandusweg 3, 35435 Wettenberg/Gießen
Tel.: 06 41/80 89 6-0
Fax: 06 41/80 89 6-50
www.ugb.de

Weitere Materialien zur Kinderernährung erhalten Sie bei folgenden Institutionen:

aid infodienst
Verbraucherschutz, Ernährung, Landwirtschaft e.V.
Heilsbachstraße 16, 53123 Bonn
Tel.: 02 28/84 99-0
www.aid.de, www.was-wir-essen.de

Forschungsinstitut für Kinderernährung (FKE)
Heinstück 11, 44225 Dortmund
Tel.: 02 31/79 22 10-0
www.fke-do.de

Bundeszentrale für gesundheitliche Aufklärung (BZgA)
Ostmerheimer Str. 220, 51109 Köln
Tel.: 02 21/89 92-0
Fax: 02 21/89 92-300
www.bzga.de

Verbraucherzentralen

Verbraucherzentrale Bundesverband e.V.
Markgrafenstraße 66, 10969 Berlin
TEL.: 0 30/25 80 0-0
Fax: 0 30/25 80 0-518
www.vzbv.de

**Verbraucherzentrale
Baden-Württemberg e.V.**
Paulinenstraße 47, 70178 Stuttgart
Tel.: 07 11/66 91-10
Fax: 07 11/66 91-50
www.verbraucherzentrale-bawue.de

Verbraucherzentrale Bayern e.V.
Mozartstraße 9, 80336 München
Tel.: 0 89/53 98 7-0
Fax: 0 89/53 75 53
www.verbraucherzentrale-bayern.de

Verbraucherzentrale Berlin e.V.
Hardenbergplatz 2, 10623 Berlin
Tel.: 0 30/21 48 5-0
Fax: 0 30/2 11 72 01
Termine Tel.: 0 30/2 14 85-260
www.verbraucherzentrale-berlin.de

Verbraucherzentrale Brandenburg e.V.
Templiner Straße 21, 14473 Potsdam
Tel.: 03 31/2 98 71-0
Fax: 03 31/2 98 71-77
www.vzb.de

Verbraucherzentrale Bremen e.V.
Altenweg 4, 28195 Bremen
Tel.: 04 21/1 60 77-7
Fax: 04 21/1 60 77-80
www.vz-hb.de

Verbraucherzentrale Hamburg e.V.
Kirchenallee 22, 20099 Hamburg
Tel.: 0 40/2 48 32-0
Fax: 0 40/2 48 32-290
www.vzhh.de

Verbraucherzentrale Hessen e.V.
Große Friedberger Straße 13–17,
60313 Frankfurt
Tel.: 0 69/97 20 10-0
Fax: 0 69/97 20 10-40
Faxabruf: 0 69/97 20 59 00
www.verbraucher.de

**Neue Verbraucherzentrale
Mecklenburg und Vorpommern e. V.**
Strandstraße 98, 18001 Rostock
Tel.: 03 81/2 08 70 50
Fax: 03 81/2 08 70 30
www.nvzmv.de

**Verbraucherzentrale
Niedersachsen e.V.**
Herrenstraße 14, 30159 Hannover 1
Tel.: 05 11/9 11 96-01
Fax: 05 11/9 11 96-10
www.vzniedersachsen.de

Verbraucherzentrale
Nordrhein-Westfalen e.V.
Mintropstraße 27, 40215 Düsseldorf
Tel.:   02 11/38 09-0
Fax: 02 11/38 09-172
www.vz-nrw.de

Verbraucherzentrale
Rheinland Pfalz e.V.
Seppel-Glückert-Passage 10,
55116 Mainz
Tel.:   06 131/28 48-0
Fax: 06 131/28 48-66
www.vz-rlp.de

Verbraucherzentrale Saarland e.V.
Trierer Straße 22, 66111 Saarbrücken
Tel.:   06 81/500 89-0
Fax: 06 81/500 89-22
www.vz-saar.de

Verbraucherzentrale Sachsen e.V.
Brühl 34–38, 04109 Leipzig
Tel.:   03 41/69 62 90
Fax: 03 41/689 28 26
www.vzs.de

Verbraucherzentrale Sachsen-Anhalt e.V.
Steinbockgasse 1, 06108 Halle
Tel.:   03 45/298 03 29
Fax: 03 45/298 03 26
www.vzsa.de

Verbraucherzentrale
Schleswig-Holstein e.V.
Andreas-Gayk-Straße 15, 24103 Kiel
Tel.:   04 31/5 90 99-0
Fax: 04 31/5 90 99-77
www.verbraucherzentrale-sh.de

Verbraucherzentrale Thüringen e.V.
Eugen-Richter-Straße 45, 99085 Erfurt
Tel.:   03 61/5 55 14-0
Fax: 03 61/5 55 14-40
www.vzth.de

Stiftung Warentest
Lützowplatz 11–13, 10785 Berlin
Tel.:   0 30/26 31-0
Fax: 0 30/26 31-27 27
www.stiftung-warentest.de

Die VERBRAUCHER INITIATIVE e.V.
Elsenstraße 106, 12435 Berlin
Tel: 0 30/53 60 73-3
Fax: 0 30/53 60 73-45
www.verbraucher.org

Impressum

Herausgeber

Verbraucherzentrale Nordrhein-Westfalen e. V. (VZ NRW)
Mintropstraße 27, 40215 Düsseldorf
Telefon: 02 11/38 09-555
Fax: 02 11/38 09-235
E-Mail: publikationen@vz-nrw.de
www.vz-nrw.de

Verbraucherzentrale Bundesverband e. V. (vzbv)
Verbraucherzentrale Hamburg e. V.
Verbraucherzentrale Hessen e. V.
Verbraucherzentrale Niedersachsen e. V.
(Adressen ····> Seite 236)

Text	Ursula Plitzko, Ursula Tenberge-Weber
Idee und Konzeption:	Angelika Walter
Koordination	Ilse Mara Berzins
Lektorat	Dr. Mechthilde Vahsen, Düsseldorf
Layout und Produktion	Näscher und Näscher, Düsseldorf
Titelbild und Illustrationen	Karl-Heinz Schrörs, Köln
Druck	Stürtz GmbH, Würzburg
	gedruckt auf 100 % Recyclingpapier
Grafiken, Bildnachweis	aid (Seite 23, 26, 30, 31)
	Näscher und Näscher (Seite 10)
	Sonja Rothweiler (Seite 94, 114)
	Banana Stock (Seite 32, 54, 84, 100)
	PhotoDisc (Seite 72)

Redaktionsschluss: März 2011